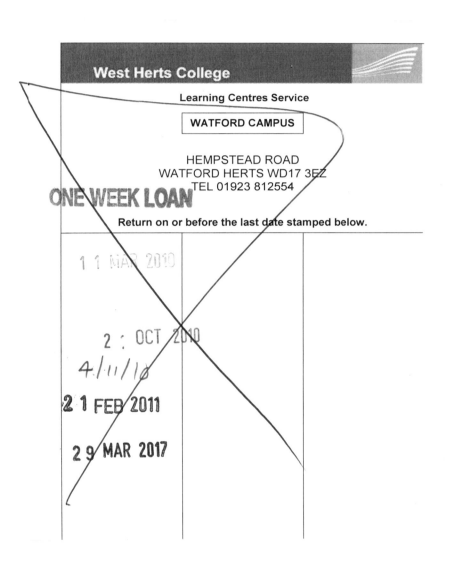

ART SPACES

ARCHITECTURE & DESIGN

daab

Ein erstaunlicher Trend zum Museumsbau ist seit Ende der neunziger Jahre erkennbar und er scheint ungebrochen. Nicht nur im privat finanzierten Bereich, sondern auch bei der öffentlichen Hand hat man in den vergangenen Jahren große Projekte bejaht. Architekt und Soziologe Rem Koolhaas nimmt mit seiner Installation auf der 51. Biennale 2005 in Venedig das Phänomen kritisch aber auch verblüfft unter die Lupe. Geht es wirklich nur um den internationen Wettstreit nach der größten Ausstellungsfläche?

Dieses Buch zeigt nicht nur neue Museen, Galerien und Ausstellungsorte für die Bildende Kunst, sondern auch ungewöhnliche Spezialsammlungen sowie Museen anderer Wissensgebiete. Besonders hervorzuheben sind dabei die Sammlungen zu Geografie, Geologie und Erdgeschichte, denen sich eine Reihe sehr namenhafter Architekten gewidmet hat und bei denen die gelungene Symbiose mit der umgebenden Landschaft eine besondere Rolle spielt. An vielen Orten, an denen es bereits den klassischen Kanon an kultur-historischen Institutionen gibt, kommen nun Häuser für zeitgenössische Kunst hinzu. Hier werden ganz andere räumliche Anforderungen gestellt, als in Gemäldemuseen. Es sind nicht immer die großen Prestigeobjekte, an denen innovativ gearbeitet wird. Einige Werke im Bereich allgemeiner Ausstellungsbau wurden daher in dieses Buch integriert. In diesem Zusammenhang stehen auch die Entwürfe für ephemere Baukunst, zu denen die Serpentine Gallery London jährlich Architekten weltweit einlädt.

Ein Schwerpunktthema der zeitgenössischen Architektur lässt sich anhand der Beispiele in diesem Buch besonders gut verfolgen: Neue Oberflächen ermöglichen neue Formen.

Die Verwendung der Metalle Stahl, Titan, Aluminium und Zink als Gebäudehaut eröffnet eine große Freiheit in der bildhauerischen Architektur. Computerbiomorphe „Blob"-Formen versus „dekonstruktivistischen" modernen Expressionismus. Das sind die Pole bzw. Schlagworte dieser Freiheit.

Erstaunlicherweise erlebt parallel dazu eine andere, bereits klassisch zu nennende Architekturauffassung derzeit ihre Renaissance – der klare, strenge Gebäudekubus, der von einer frei schwebenden Glaswand ummantelt ist. Alleine drei Beispiele in diesem Band beweisen die Vielfalt, die dennoch innerhalb dieses Themas möglich ist.

Schließlich sollte man ein Augenmerk richten auf die nicht geringe Anzahl von Museen, bei denen „unterirdisch" gebaut wurde. Vielleicht ist dieses oft mehr als nur reine Problemlösung aufgrund städtebaulicher oder belichtungstechnischer Gegebenheiten. Entdecken Ar-chitekten hier vielleicht eine neues Feld für ihre Kreativität? Eine ähnliche Herausforderung mag die Verwertung und Eingliederung vor-handener Bausubstanz sein, wenn es sich um Museumsan- oder -umbauten handelt. Diesen Weg sind Auftraggeber aufgrund der anfangs beschriebenen ökonomischen Situation in den letzten Jahren oft gegangen, aber das Ergebnis war mitunter aufregender als ein Neubau.

Die hier gezeigten Werke sind nicht älter als fünf Jahre. Das Konzept des Buches beschränkt sich jedoch nicht auf die Darstellung einer Avantgarde, sondern es will zeigen, welche Bandbreite innerhalb einer Momentaufnahme zu erkennen ist. Da sind Visionäre wie Asymptote, deren Guggenheim ausschließlich virtuell vorhanden sein wird. Auf der anderen Seite gibt es die Bauten von Meistern wie Günter Behnisch und Tadao Ando, die den Bogen von der klassischen Moderne in die Jetztzeit schlagen.

A surprising trend can be discerned in museum building since the end of the 1990s, one that still seems to be going strong today: an unprecedented number of grand-scale projects have been undertaken in recent years, not only by private sponsors, but in many cases made possible instead by public funding. Architect and sociologist Rem Koolhaas takes a critical look at this phenomenon in his installation at the 51^{rst} Venice Biennale 2005, evincing some bewilderment at these developments. Is it really only about the international race to boast the largest exhibition space?

This book not only shows new museums, galleries and exhibition venues for the fine arts, but also features unusual buildings housing special collections, as well as museums exhibiting material from other fields of knowledge. Special attention is paid to geography, geology and natural history collections, for which a number of distinguished architects have designed structures displaying a successful symbiosis with the surrounding landscape. Many cities that already have institutions of cultural history devoted to the classical canon have now added museums for contemporary art. A completely different kind of space is required here than is found in a conventional picture gallery. But it's not always the most prestigious, large-scale objects that manifest innovative new approaches. Therefore, some examples of current work in the field of general exhibition building have also been incorporated into this overview. These include drafts for ephemeral architecture, such as the pavilions that the Serpentine Gallery in London invites architects from all over the world to design every summer. One central focus of contemporary architecture can be traced particularly well in the examples illustrated in the book: new surfaces that enable the creation of new forms. The use of the metals steel, titanium, aluminium and zinc as building skins opens up new possibilities for creating architecture as sculpture – computer-drafted biomorphic "blob" shapes versus "deconstructivist" modern Expressionism. These are the opposing poles, or buzzwords, characterizing this freedom.

Astoundingly, parallel to this development another architectural approach which can already be called classical is also experiencing a Renaissance – the clearly defined, austere cube cloaked in a free-floating glass shell. No less than three buildings depicted here demonstrate the immense variety that is possible within these rigid parameters.

Finally, one must point out the significant number of museums built "underground". Often, this is surely more than just a purely functional solution to the urban planning situation or lighting conditions. Are architects perhaps discovering a new field in which to exercise their talents? A similar challenge is posed by the assimilation and integration of existing building fabric when reconstructing or expanding museums. Many building patrons have chosen this route in past years due to economic constraints, with results that are at times even more exciting than a brand new building.

The works shown here are no more than five years old. The concept behind the book is not limited to the portrayal of an avant-garde, however; rather, it intends to show what a broad bandwidth can be discerned within a moment's snapshot. There are visionaries like Asymptote, whose Guggenheim is destined to be realized exclusively on the virtual plane. And then there are masters such as Günter Behnisch and Tadao Ando, whose buildings span an arc from classical modernism to the architecture of today.

Desde finales de la década de 1990 se se observa una insólita tendencia a la construcción aparentemente imparable de museos. En los últimos años se han aprobado grandes proyectos de financiación tanto privados como públicos. El arquitecto y sociólogo Rem Koolhaas estudia a fondo este fenómeno, con ojo crítico y sorpresa al mismo tiempo, a través de su instalación en la Bienal 51 de Venecia 2005. ¿Se trata solamente de rivalidad internacional por una mayor superficie de exposición?

El presente libro no muestra tan sólo nuevos museos, galerías y salas de exposiciones dedicados a las artes plásticas, sino también a colecciones singulares e insólitas y a fondos de otras disciplinas. Cabe destacar sobre todo las colecciones de geografía y geología, en las que ha participado una serie de prestigiosos arquitectos y que descuellan por su lograda simbiosis con el paisaje circundante. Muchos lugares en los que todavía impera el canon clásico de las instituciones culturales históricas se están complementando con centros de arte contemporáneo. Los requisitos espaciales de éstos se encuentran en las antípodas de las pinacotecas tradicionales.

La innovación no afecta únicamente a los proyectos grandes y prestigiosos. Por este motivo se ha incluido en este libro algunas obras de arquitectura museística más humildes. En el mismo contexto se enmarcan los proyectos de arquitectura efímera, como el que concita anualmente a arquitectos de todo el mundo en la Serpentine Gallery de Londres.

A través de una serie de ejemplos, el libro permite seguir la evolución de uno de los temas esenciales de la arquitectura contemporánea: nuevas superficies posibilitan formas novedosas. El uso de metales como el acero, el titanio, el aluminio y el cinc para revestir los edificios brinda una gran libertad para crear arquitectura escultural o arquiescultura. Biomorfos computerizados, formas *blob* frente a expresionismo moderno «deconstructivista»: éstos son los polos o las consignas de dicha libertad.

Por sorprendente que parezca, otra concepción arquitectónica que cabe calificar de clásica está experimentando un resurgimiento simultáneo: el cubo llano y liso recubierto por una pared de vidrio flotante. Bastan tres ejemplos para comprobar la enorme variedad que permite este modelo.

Por último, sería imperdonable no hacer un repaso de los no pocos museos que se construyen «bajo tierra». Es probable que se trate de algo más que de una simple solución a problemas urbanísticos o de iluminación. ¿Tal vez los arquitectos están descubriendo un nuevo campo para su creatividad? Un desafío similar podría adivinarse en el aprovechamiento y la integración de elementos arquitectónicos ya existentes en el caso de ampliaciones o remodelaciones de museos. En los últimos años, muchos clientes han optado por esta vía a causa de la situación económica descrita al principio, pero a menudo el resultado ha sido mucho más apasionante que un edificio de nueva construcción.

Las obras reseñadas en este libro no tienen más de cinco años. Con todo, el propósito del libro no se reduce a una exhibición de las corrientes más vanguardistas sino que pretende mostrar la amplitud de miras que puede brindar una única instantánea. Hablamos de visionarios como Asymptote, cuyo Guggenheim sólo existirá en el mundo virtual. O, por otro lado, de las obras de maestros como Günter Behnisch y Tadao Ando, que tienden un puente entre la modernidad clásica y la contemporaneidad.

Depuis la fin des années 1990, la construction de musées est une tendance qui a le vent en poupe et qui ne semble pas près de s'épuiser. Les dernières années ont vu l'approbation de grands projets financés par les secteurs public ou privé. L'architecte et sociologue Rem Koolhaas étudie ce phénomène en profondeur, avec un regard critique et surpris, dans son installation de la 51ème Biennale de Venise 2005. S'agit-il seulement d'un concours international à la plus grande surface d'exposition ?

Le présent ouvrage ne montre pas seulement de nouveaux musées, de nouvelles galeries et de nouvelles salles d'exposition consacrés aux arts plastiques, mais aussi des collections singulières et insolites, et des musées consacrés à d'autres disciplines. Soulignons tout particulièrement les collections de géographie et de géologie auxquelles ont participé toute une série d'architectes prestigieux, qui se distinguent par la symbiose qu'ils ont obtenue avec le paysage environnant. Beaucoup de lieux dans lesquels le canon classique des institutions culturelles historiques règne encore en maître sont maintenant complétés par des centres d'art contemporain. Leurs critères spatiaux sont aux antipodes des pinacothèques traditionnelles. L'innovation n'affecte pas seulement les projets prestigieux et de grande envergure. C'est pourquoi ce livre comprend quelques œuvres plus humbles. Dans le même esprit, on trouve des projets d'architecture éphémère, comme celui qui donne rendez-vous chaque année à des architectes du monde entier dans la Serpentine Gallery de Londres.

À travers une série d'exemples, ce livre permet de suivre l'évolution de l'un des thèmes essentiels de l'architecture contemporaine : de nouvelles surfaces rendent de nouvelles formes possibles. L'utilisation de métaux comme l'acier, le titane, l'aluminium et le zinc pour revêtir les bâtiments donne une grande liberté pour créer une architecture sculpturale, ou archisculpture. Des biomorphes informatisés, des formes *blob* face à un expressionnisme « déconstructiviste » : voici les pôles ou les consignes de cette liberté.

Parallèlement, et pour surprenant que cela puisse paraître, un autre concept architectural qu'il faut qualifier de classique est en train de connaître un regain : le cube austère et lisse recouvert par un mur de verre flottant. Il suffit de trois exemples pour vérifier la grande diversité que permet ce modèle.

Enfin, il serait impardonnable de ne pas passer en revue les nombreux musées qui sont construits « sous terre ». Il s'agit sans doute de quelque chose de plus qu'une simple solution à des problèmes d'urbanisme ou d'éclairage. Peut-être les architectes sont-ils en train de découvrir un nouveau champ pour leur créativité ? On pourrait deviner un défi similaire dans l'utilisation et l'intégration d'éléments architecturaux déjà existants, dans le cas des agrandissements ou des transformations de musées. De nombreux clients, poussés par la situation économique, ont choisi cette voie au cours des dernières années, mais souvent le résultat a été beaucoup plus passionnant qu'avec un bâtiment construit de zéro.

Les œuvres décrites dans ce livre n'ont pas plus de cinq ans. En fin de compte, ce livre ne se contente pas d'être une vitrine des courants les plus avant-gardistes, il montre aussi le large éventail de points de mire que peut donner une instantanée unique. Nous parlons de visionnaires comme Asymptote, dont le Guggenheim n'existera que dans le monde virtuel. Ou, d'autre part, de chefs-d'œuvre de maîtres comme Günter Behnisch et Tadao Ando, qui jettent un pont entre la modernité classique et la contemporanéité.

Dalla fine degli anni '90 del Novecento un trend sorprendente si è andato affermando nell'architettura museale, che è tuttora in pieno fermento. Negli ultimi anni non solo i privati, ma anche le imprese pubbliche hanno aperto le porte a grandi progetti. Con la sua installazione alla Biennale 51 di Venezia 2005 l'architetto e sociologo Rem Koolhaas ha analizzato criticamente il fenomeno, non senza un certo stupore. Si tratta veramente solo di una competizione tra i paesi per la superficie espositiva più estesa?

L'opera presente mostra non solo musei, gallerie e spazi espositivi per le arti figurative, ma anche insolite collezioni specializzate e musei a carattere scientifico. Un posto di riguardo spetta alle raccolte in campo geografico e geologico, alle quali hanno lavorato una serie di architetti di fama mondiale e per le quali la riuscita simbiosi con il paesaggio circostante gioca un ruolo fondamentale. In luoghi dove erano già presenti istituzioni storico-culturali di stampo classico, si aggiungono ora sedi per l'arte contemporanea che, a differenza delle esposizioni di pittura, presentano ben altre esigenze per quanto riguarda le dimensioni. L'attenzione di questo volume non è esclusivamente puntata su oggetti di grande prestigio; ecco perché sono stati inclusi anche spazi espositivi di impostazione più generica. In un tale contesto si inseriscono perfettamente anche progetti per un'edilizia museale più "effimera", come nel caso della Serpentine Gallery di Londra che ogni anno invita architetti da ogni parte del mondo.

La selezione di opere in questo volume permette di seguire il *fil rouge* dell'architettura contemporanea: nuove superfici offrono nuove possibilità formali. L'utilizzo di metalli come l'acciaio, il titanio, l'alluminio e lo zinco per i rivestimenti esterni rende possibile un'ampia libertà scultorea. Forme blob biomorfe ricavate al computer, da una parte, e moderno espressionismo decostruttivista, dall'altra, diventano i poli, o meglio, le parole chiave di tale libertà.

In maniera stupefacente, parallelamente a questa concezione architettonica un'altra si sta facendo strada e sta già diventando "classica": l'edificio-cubo, nella sua linearità e rigidezza, avvolto da un *curtain wall* in vetro. Tre degli esempi illustrati testimoniano la varietà che nondimeno risulta possibile a partire da questo tema.

Non va poi tralasciato il crescente numero di musei costruiti "sotto terra". Sembra plausibile che questa sia spesso più che una pura soluzione a problemi di urbanistica o di illuminazione. Siamo forse di fronte alla scoperta di un nuovo campo per l'architettura creativa? Un'altra sfida è rappresentata anche dal recupero e dall'integrazione di strutture preesistenti nel caso di ristrutturazioni e ampliamenti. È stata questa la via seguita molto spesso dai committenti a causa della situazione economica degli ultimi anni, tuttavia con risultati talora più entusiasmanti che non nuove costruzioni.

Le opere di questa raccolta appartengono tutte alla generazione architettonica più recente, essendo state edificate negli ultimi cinque anni; eppure l'idea base di questo volume non è di restringersi alla descrizione di un'avanguardia, quanto piuttosto di mostrare quali caratteri vengono colti nello scattare un'istantanea. Accanto alle opere di visionari come Asymptote, il cui Guggenheim sarà fruibile solo virtualmente, non mancano le creazioni di maestri quali Günter Behnisch e Tadao Ando, che oggi rappresentano il punto di congiuntura tra le correnti ormai "classiche" del secolo scorso e la contemporaneità.

Tadao Ando

Langen Foundation | 2004
Hombroich (Neuss), Germany

Auf einer ehemaligen Raketenstation errichtet, präsentiert sich die Stiftung als eine von Erdwällen umgebene Anlage aus Sichtbeton, Glas und Stahlträgern. Betonplatten im Format japanischer Tatami-Matten (aus dem berühmten „Beton wie Seide"), lange Treppen, Rampen und Lichtschlitze charakterisieren auch diesen Ando-Bau. Das visuelle Thema der Reflexion, nicht nur an den großen Glasflächen, sondern besonders anhand der ebenmäßigen Oberfläche des künstlichen Spiegelteiches, löst die Materialität von Architektur im Wasser spielerisch auf. Teilweise erstrecken sich die Räume 3 Meter über Bodenniveau und 6 Meter unter der Erde. Ihre Gesamthöhe ist also nur innerhalb der Ausstellung erfahrbar.

Built on the site of a former rocket station, the Foundation complex is constructed of exposed concrete, glass and steel beams and surrounded by earth walls. Concrete slabs reminiscent of Japanese tatami mats (the architect famously "using concrete as if it were silk"), long stairways, ramps and light slits are the typical Ando trademarks found here. The visual theme of reflection, not only from the building's extensive glass facades, but especially from the smooth surface of the reflecting pool, playfully dissolves the materiality of the architecture in the water. The rooms of the museum protrude in part only 3 metres above ground level, nestling down 6 metres into the earth. They can thus only be experienced in their full height when visiting an exhibition.

La fundación, edificada sobre un antiguo base de misiles, tiene como sede un edificio de hormigón visto, vidrio y viguetas de acero. Esta obra de Ando se distingue asimismo por las losas de hormigón que emulan los colchones japoneses del tipo *tatami*, por sus largas escaleras, las rampas y las rendijas de luz. El tema visual de la reflexión descompone caprichosamente la materialidad de la arquitectura, tanto en las grandes cristaleras como, sobre todo, en la armoniosa superficie del estanque artificial. Las dependencias del museo se elevan tan sólo 3 metros por encima del nivel del suelo y ocupan, en cambio, 6 metros de niveles subterráneos. En consecuencia, la altura total sólo es perceptible desde el interior de las salas de exposición.

La fondation, construite sur une ancienne base de missiles, est un bâtiment en béton brut, en verre et en poutrelles d'acier. Les dalles de béton (le fameux béton soyeux d'Ando) du format des matelas japonais *tatami*, les longs escaliers, les rampes et les fentes de lumière caractérisent également cette œuvre d'Ando. Le thème visuel de la réflexion décompose capricieusement la matérialité de l'architecture, non seulement dans les grandes baies vitrées, mais surtout à la surface miroir de l'étang artificiel. Le musée se dresse à seulement 3 mètres au-dessus du niveau du sol, mais occupe 6 mètres de niveaux souterrains. La hauteur totale n'est donc perceptible que depuis l'intérieur des salles d'exposition.

Su quella che un tempo è stata una stazione missilistica si erge oggi la Langen Foundation, una costruzione in calcestruzzo a vista, vetro e longherine d'acciaio, circondata da terrapieni. Lastre in calcestruzzo, che ricordano i *tatami* giapponesi (secondo il famoso principio "calcestruzzo come seta"), lunghe scalinate, rampe e fessure per il passaggio della luce caratterizzano anche questo edificio di Ando. Grazie soprattutto alla superficie piana del laghetto artificiale, e non solo per effetto delle ampie vetrate, il tema visivo della riflessione riesce a dissolvere delicatamente la materialità della struttura architettonica. Gli spazi espositivi si innalzano per soli 3 metri sopra il livello del scendendo invece a 6 metri sotto il suolo. Una percezione reale dell'altezza complessiva è quindi possibile solo all'interno del museo.

Tadao Ando
Museum Fort Worth | 2002
Fort Worth/TX, USA

Nach dem MoMA ist dieses das größte Museum für Moderne in den Vereinigten Staaten. Wichtige strukturelle Kennzeichen des Gebäudes sind einerseits die klare Modularität im Inneren und andererseits das große Angebot an interessanten Wegen in und um das Haus, die zum Betrachten der Architektur einladen. Die Flachdächer ragen weit über die Fensterflächen hinaus und verhindern direkten Lichteinfall in die Sammlungen. Getragen wird das Dach von Y-förmigen Stützen, die ein wenig an große Laternen erinnern, wenn sich der erleuchtete Bau abends im Wasser spiegelt.

After the MoMA in New York, this is the largest modern art museum in the United States. Key structural hallmarks of Ando's design are clear modularity within and a large selection of interesting paths leading into and around the building, inviting visitors to observe the architecture from a variety of angles. The flat roofs are cantilevered far beyond the window surfaces, preventing the sun's rays from falling directly on the artworks. The roof rests on Y-shaped supports, reminiscent of giant lanterns when the building is mirrored in the reflecting pool by night.

Este museo es, después del MoMA, el mayor centro de arte moderno de Estados Unidos. Los rasgos estructurales más importantes del edificio son la clara modulación del interior y la abundancia de recorridos interesantes que invitan a contemplar la arquitectura tanto en el interior como alrededor. Los tejados planos sobrepasan con creces el plano de las ventanas e impiden que la luz incida directamente sobre las colecciones. La cubierta descansa sobre soportes en forma de «Y», que recuerdan vagamente grandes farolas cuando por la noche el edificio iluminado se refleja en el agua.

Ce musée est, après le MoMA, le plus grand centre d'art moderne des États-Unis. Les caractéristiques structurelles les plus importantes du bâtiment sont la claire modularité de l'intérieur et l'abondance de parcours intéressants qui invitent à contempler l'architecture tant à l'intérieur qu'aux alentours. Les toits plats dépassent largement le plan des fenêtres et interdisent à la lumière de tomber directement sur les collections. La toiture repose sur des supports en forme d'Y, qui rappellent vaguement de grands réverbères lorsque le bâtiment éclairé se reflète la nuit à la surface de l'eau.

Dopo il MoMA, questo museo di arte contemporanea è il secondo in grandezza negli Stati Uniti. La chiara modularità degli interni, da una parte, e dall'altra l'ampia offerta di percorsi interessanti dentro e intorno all'edificio, che invitano ad osservare l'architettura, sono importanti simboli strutturali del complesso. La copertura piana si spinge ben oltre la superficie delle finestre e impedisce così alla luce di cadere direttamente sulle collezioni. Essa poggia su sostegni a forma di Y che di sera, quando l'edificio illuminato si riflette nell'acqua, assomigliano a grandi lanterne.

Asymptote

Hydrapier | 2002
Haarlemmermeer, Netherlands

Der Haarlemmermeerpavillon wurde als Ausstellungsgebäude für das Floriade-Festival an der niederländischen Küste unter dem Namen „Hydrapier" entwickelt. Als konsequente Antwort auf Anlass und Ort seiner Errichtung tritt der Hydrapier in Dialog mit der umgebenden Natur- und Nutzlandschaft. Er schiebt sich wie ein Pflug in die Bucht. Das Thema Wasser macht ihn zum optischen und akkustischen Erlebnisraum: über Dachflügel, die durch ihre Tragflächenform wohl auch an die benachbarte Einflugschneise erinnern, strömt Wasser herab und lässt den Besucher zwischen Kaskadenvorhängen eintreten.

The pavilion in Haarlemmermeer, dubbed "Hydrapier", was designed as an exhibition building for the Floriade Festival taking place on the Dutch coast. Responding to the occasion and its location, the Hydrapier enters into a dialogue with the surrounding natural environment and manmade landscape. It pushes out into the bay like a plough through a field. The theme of water transforms the structure into a space rich in visual and acoustic experiences: from the sloping roof, whose wing-like form alludes to the pavilion's location in the flight path of nearby Schipol Airport, water cascades down, forming a double waterfall through which visitors enter.

El pabellón Haarlemmermeer se concibió como sala de exposiciones para el Festival Floriade de la costa holandesa con el nombre de «Hydrapier». A modo de respuesta lógica al motivo y el emplazamiento de la construcción, el Hydrapier entabla un diálogo con el paisaje natural y rural circundante. Se cuela en la bahía como si se tratara de un arado. El tema del agua lo convierte en un espacio de experimentación visual y acústica: el agua fluye por los alerones del tejado, que emulan el aeródromo cercano por su forma de ala de avión, y da la bienvenida al visitante entre cortinas líquidas.

Le pavillon Haarlemmermeer a été conçu comme salle d'expositions pour le festival Floriade, sur la côte hollandaise, sous le nom « Hydrapier ». Comme réponse logique à la raison d'être et à l'emplacement de la construction, l'Hydrapier engage un dialogue avec le paysage naturel et rural alentour. Il se loge dans la baie comme s'il s'agissait du socle d'une charrue. Le thème de l'eau le convertit en un espace d'expérimentation visuelle et acoustique : l'eau coule sur les ailerons du toit, qui rappellent l'aérodrome tout proche par leur forme en aile d'avion, et accueille le visiteur entre des rideaux liquides.

Il padiglione di Haarlemmermeer, sulla costa olandese, è stato progettato con il nome di "Hydrapier" come centro espositivo per il Floriade Festival. Risposta coerente all'occasione e al luogo della sua costruzione, l'Hydrapier sta in aperto dialogo con la natura e il paesaggio rurale circostanti, muovendosi come un aratro nella baia. L'elemento acqua lo trasforma in un luogo di esperienze ottiche e acustiche: dal tetto, che con la sua struttura alare è un richiamo al vicino corridoio aereo, l'acqua precipita a creare un sipario di cascate attraverso le quali i visitatori sono invitati ad entrare.

Asymptote
The Virtual Guggenheim Museum
Internet-Cyberspace

Diese Architektur wird nie gebaut werden, was jedoch von Auftraggeber und Designern von Anfang an beabsichtigt war. Die Kunst hat Computer und Internet seit zwanzig Jahren erobert, wobei ein zentrales Thema die Erschaffung einer Parallelwelt – der virtuellen Welt – ist. Nun folgt das Museum der Kunst in diese Welt. Dabei ist seine vollständige architektonische Simulation ebenso Teil des Konzeptes wie die herkömmliche Funktion als Informationsquelle innerhalb des Internet. Lise Anne Couture und Hani Rashid von Asymptote sind Pioniere und Philosophen der virtuellen Architektur.

This is architecture that will never be built, but the client and designers intended it that way from the outset. Art has been taking the computer and the Internet by storm for twenty years now, with one of the central themes being the creation of a parallel world – the virtual world. Now the museum is following art into this world. Here, its complete architectonic simulation is just as much a part of the concept as is its conventional function as an information source, now located on the Internet. Lise Anne Couture and Hani Rashid of Asymptote are pioneers and philosophers of virtual architecture.

Esta obra arquitectónica nunca se construirá, algo que tanto el cliente como los realizadores sabían desde el principio. Hace dos décadas que el arte conquistó el mundo de los ordenadores y de Internet, y en este ámbito, uno de los temas centrales es la creación de un mundo paralelo, el mundo virtual. El museo hace un seguimiento del arte en ese ámbito, del que forman parte tanto la propia simulación arquitectónica como la función habitual de Internet como fuente de información. Lise Anne Couture y Hani Rashid de Asymptote son dos pioneros y filósofos de la arquitectura virtual.

Cette œuvre ne sera jamais construite, ce que le commanditaire et les architectes savaient depuis le début. Cela fait vingt ans que l'art a conquis le monde des ordinateurs et de l'Internet, et dans ce domaine, l'un des thèmes centraux est la création d'un monde parallèle, le monde virtuel. Le musée entre maintenant lui aussi dans ce monde. La simulation architecturale totale fait tout autant partie du concept que la traditionnelle fonction de l'Internet comme source d'information. Lise Anne Couture et Hani Rashid, d'Asymptote, sont deux pionniers et philosophes de l'architecture virtuelle.

Come concordato sin dall'inizio da committenti e designer, questa struttura non verrà mai edificata. In quest'ultimo ventennio l'arte ha fatto suoi il computer e internet, partecipando in questo modo attivamente alla discussione su un tema centrale: la creazione di un mondo parallelo, un mondo virtuale. Ora anche il museo segue l'arte in questo mondo e la sua simulazione architettonica totale è parte del progetto tanto quanto la tradizionale funzione come fonte di informazione in internet. Lise Anne Couture e Hani Rashid di Asymptote sono veri e propri pionieri e filosofi dell'architettura virtuale.

RE ENCLOSURE, FORM AND PERMANENCE WILL

RE FOR THE NEXT MILLENNIUM TH

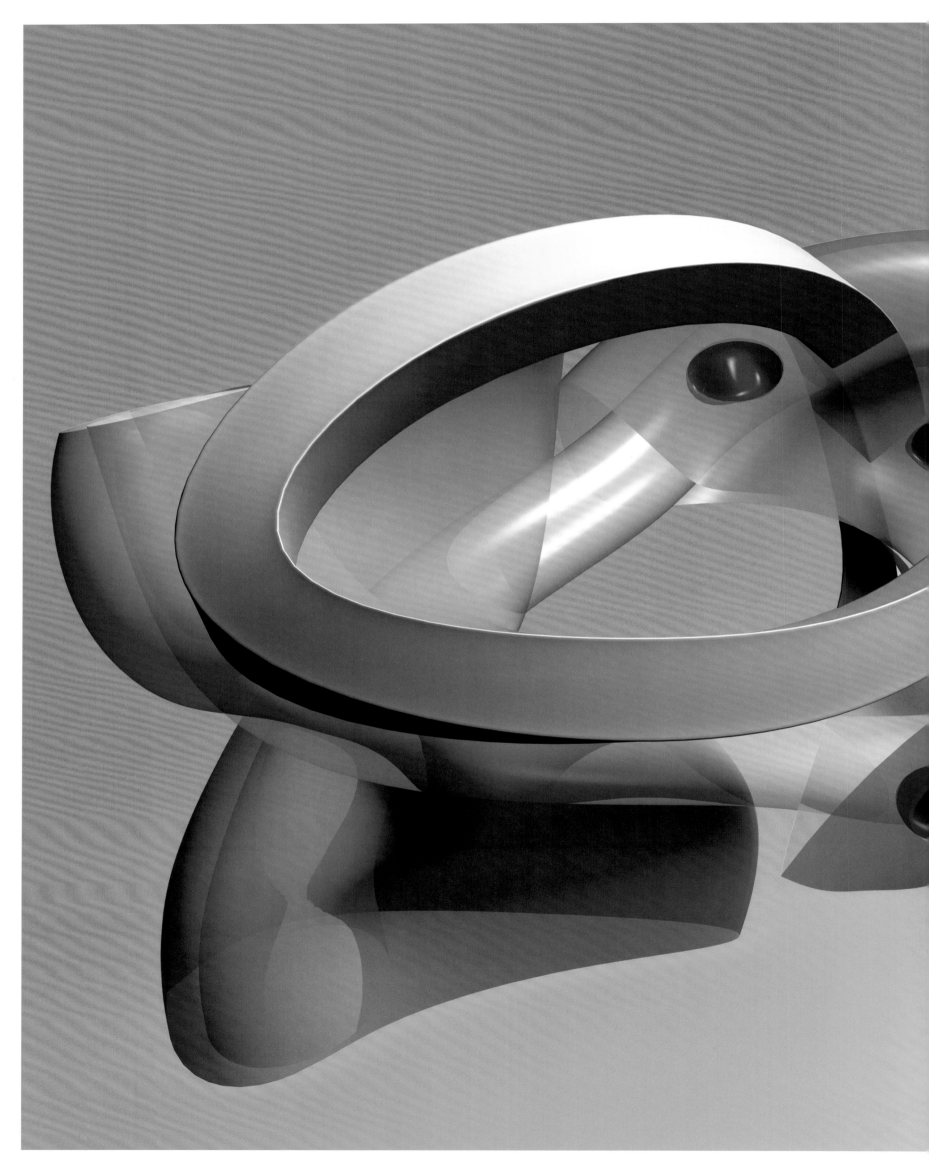

Behnisch, Behnisch + Partner
Buchheim-Museum | 2001
Bernried, Germany

Es ist ein poetisches, ein leichtes und sozusagen sommerliches Grundmotiv, das diesem Gebäude zu Grunde liegt: das Motiv eines Bootssteges. Der Architekt beschreibt in einem Interview, wie zurückhaltend und befreit von konstruktivem oder materiellen Aufwand sich dieses Haus ans Seeufer lehnen und dem Besucher öffnen sollte. Die Rede ist von Licht und Landschaft. Entsprechend findet man begrünte Flachdächer mit breiten weißen Blenden, die den Bau prägen. Sicher ist das Haus in engster Zusammenarbeit mit dem Maler und Schriftsteller Lothar Günther Buchheim entstanden.

This building is based on a poetic, light-hearted and, one might even say, summery motif: a boat dock. The architect has described how reserved and free of constructional and material effort this house on the lakefront is designed to appear, opening its arms to the visitor. The themes here are light and landscape. Correspondingly, the flat roofs are planted with greenery and articulated by broad white bands that give the structure its distinctive look. The museum was designed in close collaboration with the collection's owner, painter and writer Lothar Günther Buchheim.

Se podría decir que este edificio está inspirado en un motivo poético, liviano y con dejes veraniegos: un embarcadero. El arquitecto explica cómo su obra tiene que asomarse a la orilla del lago y abrirse al visitante con recato y sin excesos arquitectónicos ni materiales. Lo que importa es la luz y el paisaje, y de ahí los tejados planos cubiertos de césped con anchas cornisas blancas que imprimen carácter a la construcción. No cabe duda de que el edificio se diseñó en estrecha colaboración con el pintor y escritor Lothar Günther Buchheim.

Ce bâtiment est inspiré d'un motif poétique, léger et pour ainsi dire estival : un embarcadère. L'architecte décrit comme son œuvre doit se pencher sur la rive du lac et s'ouvrir au visiteur avec pudeur et sans excès architecturaux ni de matières. Ce qui importe, c'est la lumière et le paysage. C'est pourquoi les toits sont plats, recouverts de gazon et bordés de larges corniches blanches qui donnent son caractère au bâtiment. Il ne fait aucun doute qu'il a été conçu en étroite collaboration avec le peintre et écrivain Lothar Günther Buchheim.

Quello da cui l'edificio prende spunto è un motivo poetico, leggero, per così dire estivo: il pontile. L'architetto ha sottolineato come questo museo debba adagiarsi lungo l'argine del lago, ritrosamente, senza dispendi costruttivi o materiali, e come debba aprirsi ai visitatori. La parola viene lasciata alla luce e al paesaggio. È per questo che qui entrano in scena coperture piane ricoperte di prato e ampie tapparelle bianche, che caratterizzano l'edificio. Risulta evidente che il museo sia nato dall'assidua collaborazione con il pittore e scrittore Lothar Günther Buchheim.

Mario Botta
MART | 2002
Rovereto, Italy

Dieses Gebäude öffnet sich nach innen zu einer atemberaubenden, unerwarteten Weite. Verborgen hinter den Fassaden einer historischen Stadtsituation erschließt sich das Museum über eine runde Piazza, welche einerseits öffentlicher Raum doch unter ihrer Glaskuppel auch schon Teil des Museumskomplexes ist. Die Anlage ist ein Meisterwerk der Erschaffung lichtdurchfluteter Räume und klassischer Proportionen. Materialien und Formensprache reagieren sensibel auf die umgebende alte Architektur.

As one enters this structure, a breathtaking, unexpectedly vast space opens up within. Hidden behind the facades of an historic city block, the museum is approached via a round piazza, a public space that, under its glass dome, is already a part of the museum complex. The building is a masterly example of classically proportioned light-flooded space. The materials and formal language used respond with great sensitivity to the surrounding, older architecture.

Este edificio se abre hacia el interior con una amplitud tan inesperada como sensacional. Oculto tras las fachadas de un enclave urbano histórico, el museo abraza una plaza circular que es un espacio público y, al mismo tiempo, una parte del complejo museístico cubierta por una cúpula de vidrio. Se trata de una obra maestra de la creación de espacios bañados por la luz natural e inspirados en las proporciones clásicas. Los materiales y el lenguaje formal son sensibles a la arquitectura antigua circundante.

Ce bâtiment s'ouvre vers l'intérieur avec une amplitude aussi inattendue que spectaculaire. Caché derrière les façades d'une enclave urbaine historique, le musée embrasse une place circulaire recouverte d'une coupole en verre, qui est un espace public et, simultanément, fait partie du complexe du musée. Il s'agit d'un chef-d'œuvre de la création d'espaces baignés de lumière naturelle et de proportions classiques. Les matériaux et le langage des formes sont sensibles à l'architecture ancienne environnante.

L'imprevista spaziosità su cui questo edificio si allarga all'interno è tale da togliere il fiato. Nascosto dietro le facciate di una planimetria storica, il museo si apre su una piazza circolare che, se da una parte è uno spazio pubblico, dall'altra, sotto la sua cupola di vetro, appartiene già al complesso museale. La costruzione è un capolavoro di spazi pervasi dalla luce e di proporzioni classiche. I materiali e le forme si esprimono in un linguaggio che interagisce delicatamente con gli elementi architettonici del passato che li circondano.

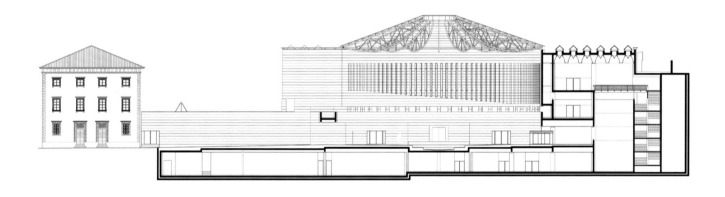

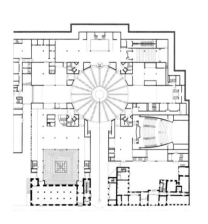
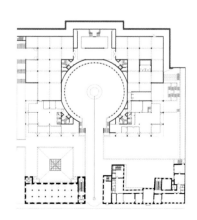
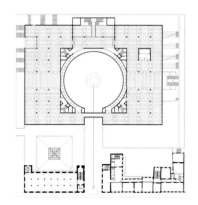

Le Stanze dell'Arte. Figure e immagini del XX secolo

Mario Botta

Museum for Korean Traditional Art at Leeum/
Samsung Museum of Art Foundation | 2004
Seoul, Korea

Der Museumskomplex Leeum der Samsung Foundation präsentiert nicht nur ein breites Spektrum bildender Kunst. Es sind dort ausserdem drei sehr verschiedene Auffassungen moderner Architektur an einem Ort versammelt. Der sinnliche Neubau von Mario Botta steht in starkem Kontrast zu den strengen Architekturen von Jean Nouvel und Rem Koolhaas. Er enthält eine Sammlung zu traditioneller koreanischer Kunst und zu historischem Kunsthandwerk. Im Einklang damit steht seine allgemein archaische Ausstrahlung. Man assoziiert uralte Festungsanlagen. Und doch ist dieses hier phantastische Architektur, denn aus den zinnenartigen Aufbauten wachsen Bäume und der konische Gebäudeteil verbreitert sich nach oben, wie ein kopfstehender Kegel. Er ist fensterlos. Seine Galerien laufen innen spiralförmig an der Kegelwand entlang, bis auf eine unterirdische Ebene. Das Oberlicht im Dach beleuchtet das Innere durchgängig über seine gesamte Höhe.

The Leeum museum complex sponsored by the Samsung Foundation not only presents a broad spectrum of fine art – it also gathers together on one site three very different takes on modern architecture. The sensual new building by Mario Botta contrasts starkly with the austere architecture of Jean Nouvel and Rem Koolhaas. The Botta section of the museum houses a collection of traditional Korean art and historical crafts. In harmony with this focus, the structure has a somewhat archaic feel. One is reminded of ancient fortresses, and yet this is fantasy architecture, with trees growing out of the crenellations and a conical section that grows wider at the top, as if standing on its head. The building has no windows. The galleries spiral along the cone's inner wall and down into an underground level. A skylight in the roof lights the entire height of the interior.

El complejo museístico Leeum de la Fundación Samsung no sólo ofrece una amplia muestra de artes plásticas, sino que en él coexisten, además, tres conceptos muy dispares de arquitectura moderna. El sensual edificio de Mario Botta crea un intenso contraste con las sobrias construcciones de Jean Nouvel y Rem Koolhaas. Dicho edificio alberga una colección de arte coreano tradicional y de artesanía histórica, y en consonancia, la arquitectura presenta una ambientación arcaica. Resulta fácil asociarla con las fortalezas primitivas sin que por ello pierda un ápice de su carácter innovador, puesto que de las estructuras que semejan almenas crecen árboles, y la parte cónica del edificio se ensancha hacia arriba a modo de cono invertido. Carece de ventanas. Sus galerías interiores discurren en espiral a lo largo de la pared del cono hasta quedar soterradas. La claraboya del techo ilumina el espacio en toda su altura.

Le complexe Leeum de la fondation Samsung n'offre pas seulement une collection très variée d'arts plastiques. Trois conceptions très différentes de l'architecture moderne y coexistent également. Le bâtiment sensuel de Mario Botta crée un fort contraste avec les sobres constructions de Jean Nouvel et de Rem Koolhaas. L'architecture d'inspiration archaïque de ce bâtiment fait écho à la collection qu'il abrite, composée d'art traditionnel coréen et d'artisanat historique. On l'associe facilement à une forteresse primitive, ce qui n'enlève rien à son caractère innovant : des arbres poussent sur les structures qui ressemblent à des créneaux, et la partie conique du bâtiment s'élargit vers le haut comme un cône inversé. Il n'y a pas de fenêtres. Les galeries intérieures décrivent une spirale le long de la paroi du cône jusque sous la terre. La claire-voie du toit éclaire l'espace sur toute sa hauteur.

Il complesso del Leeum alla Samsung Foundation non offre solamente un'ampia panoramica sull'arte figurativa, ma riunisce in un unico luogo tre esempi totalmente diversi di architettura moderna. Il nuovo edificio di Mario Botta crea un forte contrasto sensoriale con le strutture rigide di Jean Nouvel e Rem Koolhaas. Al suo interno ospita la collezione di arte tradizionale coreana e di artigianato storico. Il fascino arcaico del complesso è in sintonia con la collezione e richiama alla mente antiche fortezze; tuttavia, l'architettura qui è puramente fantastica, con gli elementi del tetto a forma di merli da cui si innalzano alberi e l'edificio che si allarga verso l'alto come un cono capovolto, senza finestre. Negli interni, le gallerie si avvolgono a spirale fino al piano sotterraneo lungo la parete obliqua del cono. L'illuminazione zenitale si irradia dall'alto all'interno per tutta l'altezza.

David Chipperfield
Figge Art Museum | 2005
Davenport / IA, USA

"Glashaut" – "gläserner Vorhang" – das Prinzip der frei vor den Baukern gespannten Glasmembran, welches u.a. auf Gropius und Le Corbusier zurückgeht, erfährt im aktuellen Museumsbau eine lebhafte Renaissance. Rein funktionell betrachtet, ermöglicht es im Inneren große Ausstellungswandflächen. Nach aussen ergibt sich ein semiluszider Körper, der Leichtigkeit ausstrahlt und faszinierende Lichteffekte – bei Tag und in der Nacht – hervorbringt. Chipperfield organisiert sein Figge Art Museum aus zwei Baukörpern. Der eine ist horizontal am Ufer entlang gestreckt. Der andere ist ein turmartiger Kubus, der die Vertikale betont. In der räumlichen Struktur wie auch in der Graphik der Oberflächen herrscht elegant der rechte Winkel.

"Glass skin" – "glass curtain wall" – the principle of the glass membrane suspended freely in front of a building's core, which can be traced back to Gropius and Le Corbusier et al., is experiencing a lively Renaissance in contemporary museum architecture. Viewed from a purely functional standpoint, this technique opens up large expanses of wall in the interior on which to exhibit artwork. Outside, it results in a semi-translucent body that exudes weightlessness and produces fascinating light effects – by day and by night. Chipperfield has composed his Figge Art Museum out of two structural elements. One is horizontal, stretching along the waterfront. The other is a tower-like cube that emphasizes the vertical axis. Both in the spatial structure and the articulation of the surfaces, the right angle dominates, lending the building a stately elegance.

«Piel vítrea», «cortina de vidrio»: el principio de la membrana de vidrio armada ante al núcleo de la construcción, inspirado en Gropius y Le Corbusier, entre otros, está experimentando un auténtico resurgimiento en la actual arquitectura de los museos. Desde el punto de vista puramente funcional, el interior ofrece una gran superficie de exposición. El exterior se presenta como un bloque semitraslúcido que irradia luminosidad y genera fascinantes efectos luminosos tanto de día como de noche. Chipperfield distribuyó su Figge Art Museum en dos cuerpos arquitectónicos. El primero se extiende en horizontal a lo largo de la orilla. El segundo es un cubo a modo de torre que acentúa el plano vertical. El elegante ángulo recto domina la estructura espacial y el grafismo de las superficies.

« Peau vitrée », « rideau de verre » : le principe de la membrane de verre tendue devant le noyau de la construction, inspirée de Gropius et Le Corbusier, entre autres, connaît actuellement un véritable renouveau dans l'architecture des musées. Du point de vue purement fonctionnel, l'intérieur offre une grande surface d'exposition. L'extérieur se présente comme un bloc semi-translucide qui donne une impression de légèreté et génère de fascinants effets de lumière de jour comme de nuit. Chipperfield a agencé son Figge Art Museum en deux corps de bâtiment. Le premier s'étend à l'horizontale le long de l'eau. Le second est une tour en forme de cube qui accentue le plan vertical. L'élégance de l'angle droit domine la structure spatiale et le graphisme des surfaces.

Il *curtain wall* in vetro – il "muro tenda", ossia il principio della membrana di vetro tesa intorno alla struttura portante e che risale tra gli altri a Gropius e Le Corbusier – sta vivendo una vivace rinascita nell'attuale edilizia museale. Da un punto di vista puramente funzionale questo permette la realizzazione di ampie superfici espositive all'interno, mentre all'esterno si ottiene un corpo traslucido di grande leggerezza e che produce stupefacenti effetti di luce, sia di giorno che di notte. Chipperfield ha organizzato il suo Figge Art Museum su due blocchi: l'uno si estende orizzontalmente lungo l'argine del fiume, l'altro è una torre cubica che sottolinea il verticalismo del complesso. Nella struttura degli spazi interni, così come nella grafica delle superfici, regna elegante l'angolo retto.

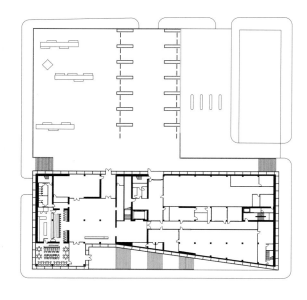

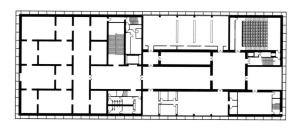

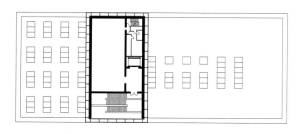

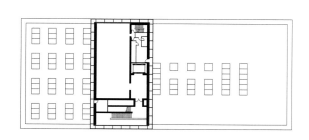

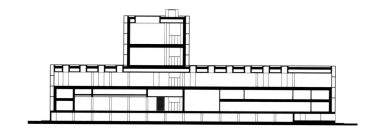

Coop Himmelb(l)au

Expo Forum Arteplage | 2002
Biel, Switzerland

Bei dem kulturellen Anspruch der Expo Biel (Art-et-Plage) war es naheliegend, Künstlerarchitekten wie Coop Himmelb(l)au zu beauftragen. Ihre Lösung für den Festivalpavillon ist gleichzeitig Skulptur, Licht- und Klanginstallation und Ausstellungsareal. Die drei begehbaren Türme im See sind 35 bis 45 Meter hoch und ca. 350 Tonnen schwer. Ihre gedrehten und gezackten Konturen wirken jedoch ausgesprochen bewegt und expressiv. Die verzinkte Stahlkonstruktion ist mit folienbespannten Waben verkleidet.

In view of Expo Biel's (Art-et-Plage) high cultural aspirations, it's no surprise that the organizers would engage an artistically ambitious architecture firm like Coop Himmelb(l)au to design its festival pavilion. The architects' solution is at once sculpture, light and sound installation, and exhibition complex. The three walk-through towers rising from the lake are 35 to 45 metres high and weigh some 350 tons. Their twisted, zigzag contours have a lively, expressive presence, however, belying their enormous mass. The zinc-plated steel construction is cloaked in a foil-covered honeycomb skin.

La reivindicación cultural de la Expo Biel (Art-et-Plage) justifica que se recurriera a artistas arquitectos como Coop Himmelb(l)au. Su propuesta para el pabellón del festival sintetiza los conceptos de escultura, instalación de luz y sonido y recinto de exposición. Las tres torres transitables sobre el lago miden entre 35 y 45 metros de altura y pesan cerca de 350 toneladas. Pese a ello, despiertan una acentuada sensación de movimiento y expresividad debido a sus perfiles retorcidos y dentados. La construcción, de acero galvanizado, está revestida de paneles laminados.

L'ambition culturelle de l'Expo Biel (Art-et-plage) justifiait le recours à des architectes artistes comme Coop Himmelb(l)au. Leur projet pour le pavillon du festival synthétise les concepts de sculpture, installation de son et lumière et lieu d'exposition. Les trois tours praticables sur le lac mesurent entre 35 et 45 mètres de hauteur et pèsent près de 350 tonnes. Pourtant, leurs silhouettes tordues et anguleuses donnent une sensation prononcée de mouvement et d'expressivité. La construction, en acier galvanisé, est revêtue de panneaux laminés.

L'intento culturale dell'Expo di Biel (Art-et-Plage) chiama evidentemente all'opera architetti artisti della tempra di Coop Himmelb(l)au. La loro soluzione per il padiglione del festival è allo stesso tempo scultura, installazione di luci e suoni, e spazio espositivo. Le tre torri sul lago, tutte praticabili, sono alte dai 35 ai 45 metri e pesano circa 350 tonnellate. I loro profili ritorti e angolosi appaiono tuttavia particolarmente dinamici ed espressivi. La struttura in acciaio zincata è ricoperta da lamine di metallo.

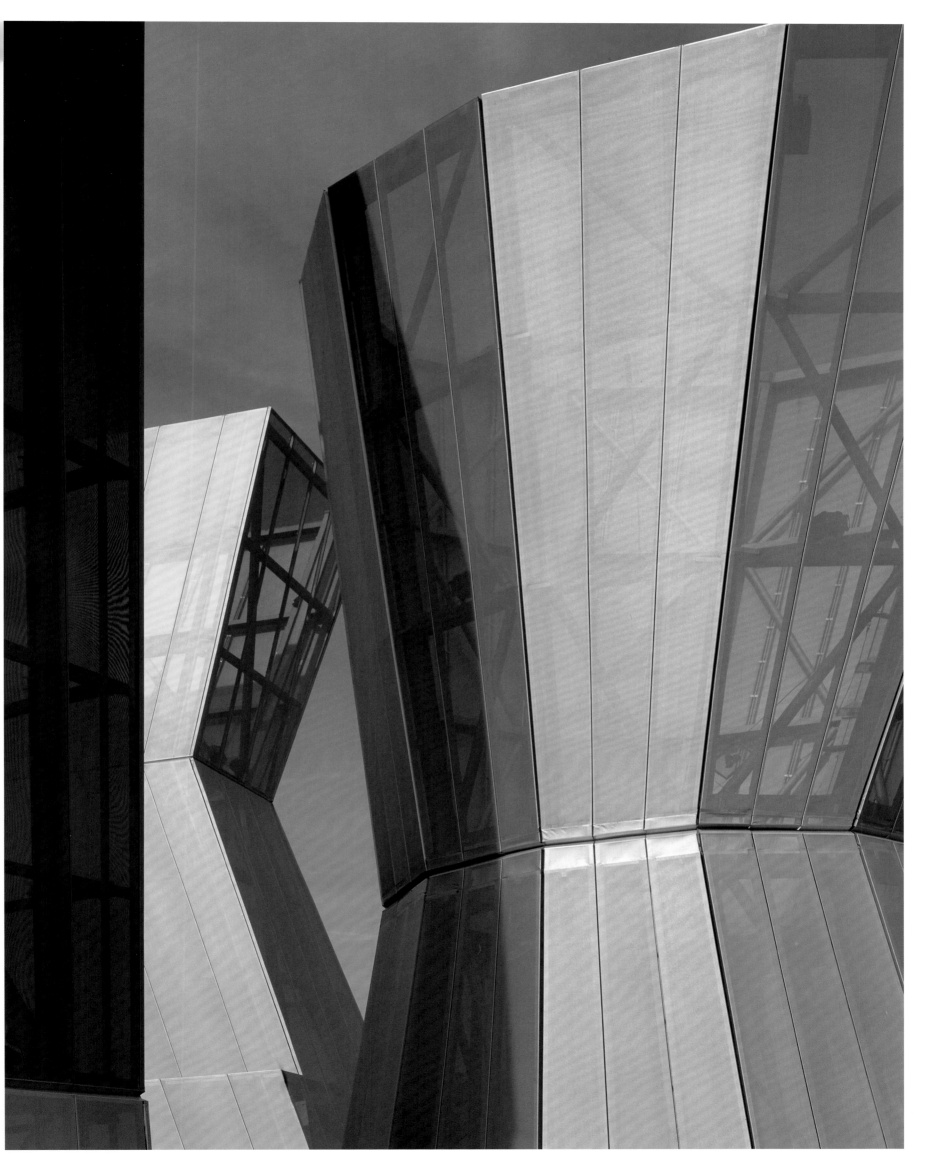

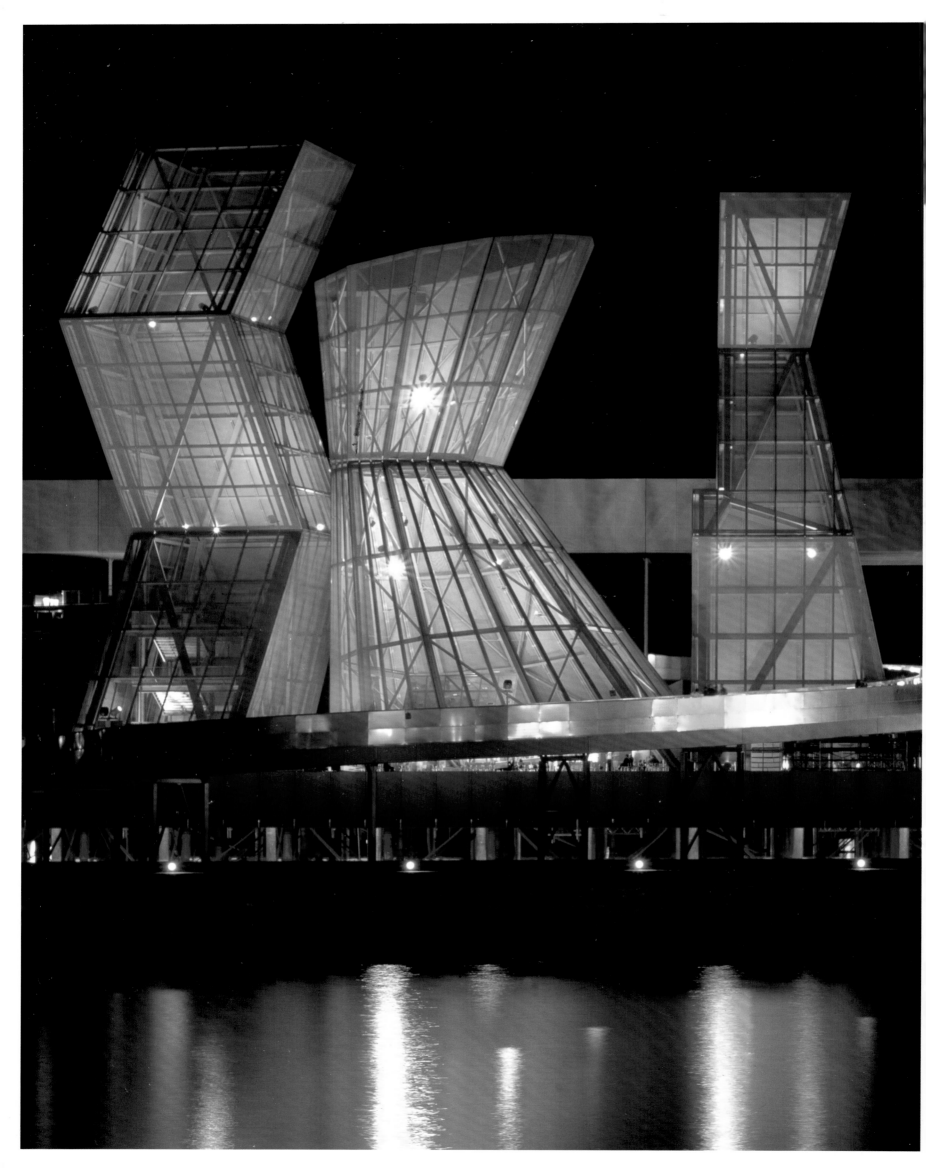

Coop Himmelb(l)au
Musée des Confluences | 2008
Lyon, France

Der Name des Museums steht nicht nur für den Zusammenfluss von Rhône und Saône, der den Ort kennzeichnet, sondern auch für die Vereinigung verschiedener Sammlungen und Aktivitäten unter einem Dach: vorhandene natur- und völkerkundliche Bestände sollen besser präsentiert und in Fragestellungen der aktuellen, lebendigen Kultur und Gesellschaft eingebettet werden. Die Übergänge verschiedener Wissensbereiche sind in den drei formal stark kontrastierenden Abschnitten des Gebäudes symbolisiert.

The name of this museum not only stands for the confluence of the Rhône and Saône rivers at this point, but also for the convergence of various collections and activities under one roof: the idea was to present existing natural history and ethnological holdings in a more fitting fashion while embedding them in a matrix of current cultural and social issues. The transitions between the various fields of knowledge are symbolized by strong formal contrasts between the three sections of the building.

El nombre del museo alude por un lado a la confluencia del Ródano con el Saona, y por otro, a la reunión de diversas colecciones y actividades bajo el mismo techo: se pretende mejorar la presentación de los fondos naturalistas y etnológicos ya existentes e incluirlos en las cuestiones que preocupan a la cultura y a la sociedad modernas y activas. Las tres partes en que se divide el edificio, en claro contraste formal, simbolizan las transiciones entre distintas disciplinas.

Le nom du musée fait allusion, d'une part, à la confluence du Rhône et de la Saône et, d'autre part, à la réunion de différentes collections et activités sous le même toit : la volonté est d'améliorer la présentation des fonds d'histoire naturelle et d'ethnologie déjà existants et de les intégrer aux questions qui préoccupent la culture et la société modernes. Le bâtiment se divise en trois parties qui créent un contraste formel fort, et qui symbolisent les transitions entre différentes disciplines.

Il nome del museo non è stato scelto solamente per sottolineare la confluenza dei fiumi Rodano e Saona che caratterizza il posto, ma anche per riunire diverse collezioni e attività sotto lo stesso tetto. Lo scopo è quello di presentare il patrimonio naturale ed etnologico già esistente in maniera più efficace e di inglobarlo nell'attuale, vivace discussione culturale e sociale. I passaggi tra i diversi ambiti scientifici sono simbolizzati nelle tre sezioni del complesso, dal forte contrasto formale.

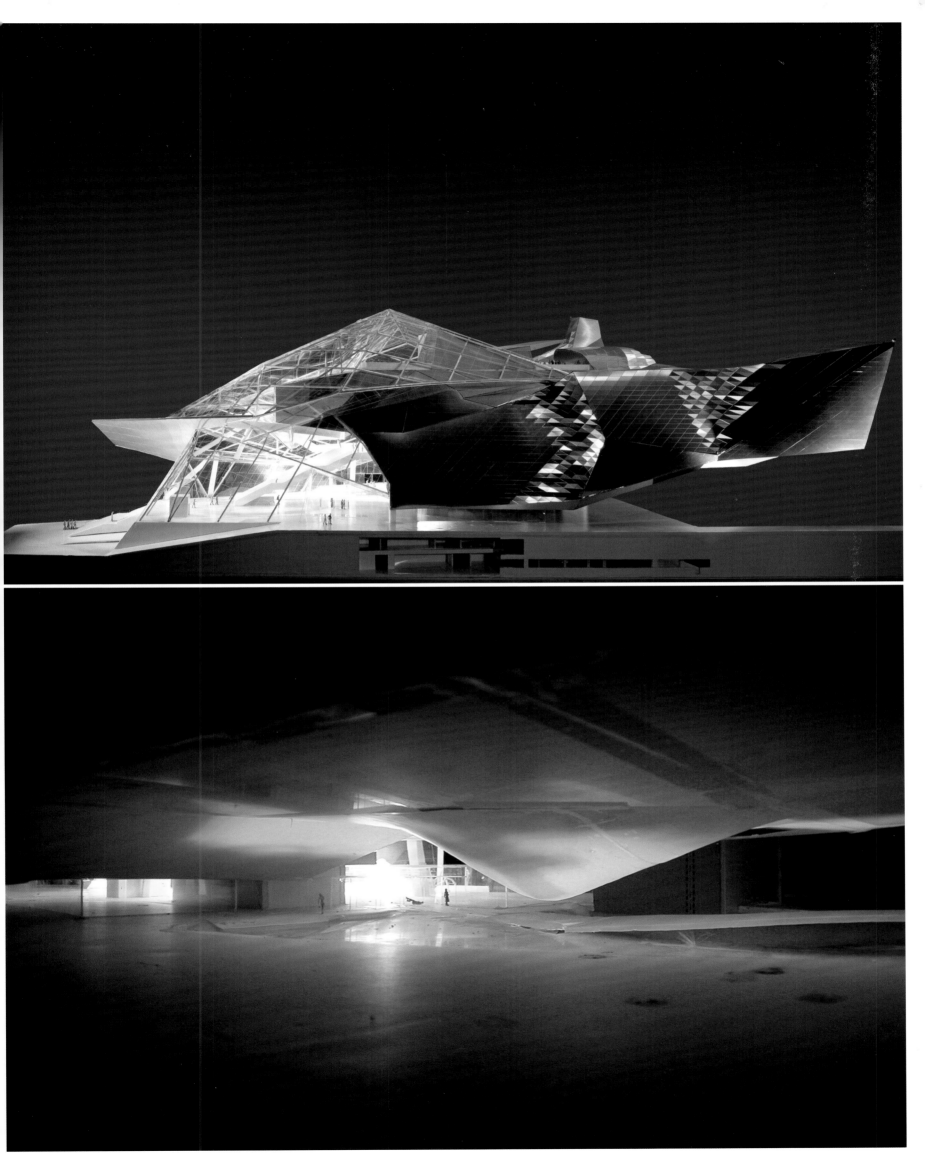

O'Donnell + Tuomey
The Lewis Glucksman Gallery | 2004
Cork, Ireland

Ein Gebäude mit "runden Ecken". Eine Aussenhaut aus Eichenfurnier, wie man es sonst nur in eleganten Innenräumen findet. Ein Bau, der nach oben auskragt wie ein Baumhaus. Formale aber auch poetische Bezüge zur umgebenden Natur sind im Konzept der Architekten ebenso nachweisbar, wie eine Leidenschaft für hölzerne Schiffskörper und den Bootsbau.

A building with "rounded corners". An outer skin of oak veneer, otherwise found only in elegant interiors. A building that is cantilevered as it moves upward, like a tree house. Formal as well as poetic references to the surrounding natural environment are manifest in the architects' concept, as are a passion for wooden ship hulls and shipbuilding in general.

Un edificio con «esquinas redondeadas». Un revestimiento exterior de chapa de roble como el que suele reservarse habitualmente para las estancias interiores más elegantes. Un edificio que se yergue hacia el cielo como una casa en un árbol. El concepto expresado por el arquitecto denota referencias tanto formales como poéticas a la naturaleza circundante, además de revelar su pasión por los cascos de barco de madera y la construcción naval.

Un bâtiment avec des « coins arrondis ». Le revêtement extérieur est constitué de plaques de chêne, que l'on réserve habituellement aux espaces intérieurs les plus élégants. Le bâtiment se dresse vers le ciel comme une cabane dans un arbre. Le concept exprimé par l'architecte dénote des références tant formelles que poétiques à la nature environnante, et révèle sa passion pour les coques de bateau en bois et la construction navale.

Un edificio con angoli "rotondi"; un rivestimento esterno in piallaccio di quercia come si trova di solito solo in interni eleganti; una costruzione che sporge in alto come una casa su un albero. Nel concetto di fondo degli architetti si avvertono i richiami formali e poetici alla natura circostante, come la passione per gli scafi in legno e per le costruzioni navali.

Foster and Partners

The British Museum Great Court | 2005
London, Great Britain

Schon kurz nach der Wiedereröffnung wurde deutlich, welch unglaublichen Zuwachs an Besucherinteresse dieses Nationalmuseum durch den Umbau erfahren hat. Wo jetzt Helligkeit, neue räumliche Kapazitäten und kostbar restaurierte Neorenaissance glänzen, war zuvor Tristesse, abweisende Enge und denkmalgeschützte aber verstaubte Bausubstanz. Der runde, frei stehende Bibliotheksturm des alten Museumsbaus von 1823 wurde von Foster and Partners durch ein Glasgewölbe mit den umgebenden Gebäudeflügeln verbunden. The Great Court ist nun mit 7.100 qm der größte überdachte öffentliche Platz in Europa.

Already shortly after the re-opening, it was evident that the reconstruction of this national museum had ushered in an unprecedented boom in public interest. Where once there was tristesse, claustrophobic narrowness and a landmarked, but antiquated, structure, there now reign brightness, new, more generous spaces and expensively restored Neo-Renaissance splendour. Foster and Partners connected the round, freestanding library tower of the old 1823 museum to the encircling building wings by means of a glass dome. At 7,100 m^2, the Great Court is now the largest roofed public space in Europe.

Inmediatamente después de la reapertura se constató la increíble expectación que habían despertado las reformas entre los visitantes del Museo Británico. Donde hoy impera la luminosidad, un nuevo sentido espacial y una espléndida restauración del estilo neorrenacentista, reinaban antes la tristeza, la angostura y un ente arquitectónico protegido como monumento nacional pero anticuado. Foster and Partners han unido la torre circular independiente de la biblioteca del antiguo museo, de 1823, con las alas circundantes del edificio mediante una bóveda acristalada. El Gran Patio es hoy la mayor plaza pública cubierta de Europa, con 7.100 m^2 de superficie.

Immédiatement après la réouverture, on a pu constater le grand intérêt que les réformes avaient éveillé chez les visiteurs du British Museum. Là où aujourd'hui règnent la lumière, un nouveau sens de l'espace et une splendide restauration de style néo-Renaissance, régnaient auparavant la tristesse, l'étroitesse et une architecture protégée en tant que monument historique, mais dépassée. Foster and Partners ont utilisé une voûte vitrée pour relier la tour ronde indépendante de la bibliothèque de l'ancien musée, qui date de 1823, aux ailes des bâtiments qui l'entourent. Avec une superficie de 7100 m^2, la Grande Cour est aujourd'hui la plus grande place couverte d'Europe.

Già subito dopo la riapertura è stato evidente quale incredibile aumento di interesse la ristrutturazione di questo museo ha suscitato nei visitatori. Laddove oggi risplendono luminosità, nuovi spazi ed elementi neorinascimentali eccellentemente restaurati, un tempo regnavano desolazione, inconveniente strettezza e una struttura tutelata ma polverosa. Tramite un'arcata in vetro Foster and Partners hanno collegato la torre della biblioteca del vecchio museo, edificata nel 1823 nella sua forma tondeggiante, alle ali circostanti del corpo principale, da cui era separata. Con i suoi 7.100 m^2, The Great Court è oggi la più grande piazza coperta d'Europa.

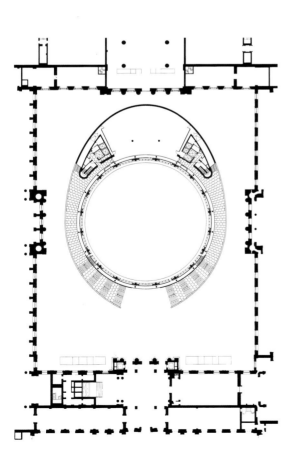

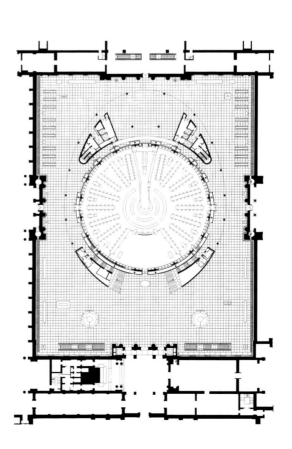

Foster and Partners
Musée Préhistoire des Gorges du Verdon | 2001
Quinson, France

Dieses kleine Spezialmuseum in der französischen Landschaft wurde von Foster and Partners mit ebenso viel Anspruch, Esprit und Detaillösungen realisiert wie ein Repräsentationsbau. Man mag sich fragen, welche Projekte für den Architekten den größeren Reiz enthalten, denn hier spürt man förmlich seine Handschrift. Eine einzige große Geste, in Form einer 120 Meter langen Trockensteinmauer, legt die Grundform des Gebäudes in den Berghang. Ihren Ausgang nimmt sie von einer vorhandenen Mauer in dieser landestypischen Bautechnik. Die Öffnungen des Museums sind versteckt und darin bezieht sich der Bau auf das Thema der steinzeitlichen Höhlen des Verdon. Organische Grundformen sind Norman Foster nicht fremd – die Anordnung der Fensteröffnungen im Grundriss erinnert möglicherweise an einen Fisch mit Kiemen; kein inhaltlicher Bezug aber denkbares Naturvorbild für Architektur.

This small, specialized museum set in the French countryside was realized by Foster and Partners with the same degree of ambition, esprit and love of detail as any of their more imposing structures. One is tempted to ask which of these two types of project the architect finds more interesting, for here his signature touch can be felt everywhere. A single grand gesture, in the form of a 120-metre-long drystone wall cut into the hillside, anchors the basic form of the building. This element is based on a pre-existing wall built using the technique typical of the area. The museum's openings are hidden, an allusion to its subject matter: the Stone Age caves of the Verdon. Norman Foster is no stranger to organic forms – the arrangement of the window openings in the ground plan is possibly meant to recall a fish with its gills, not a contextual reference, but rather a conceivable natural model for the architect.

Foster and Partners dedicó a este pequeño museo de la campiña francesa tanta entrega, compromiso y detallismo como en cualquier obra importante. Cabría preguntarse qué proyectos despiertan mayor entusiasmo en este arquitecto, puesto que aquí se distingue claramente su firma. Una sola gran estructura, en forma de muro de piedra seca de 120 metros de largo, sustenta la planta del edificio, situado en plena pendiente. Parte de un muro ya existente edificado con esta técnica constructiva típica de la región. Las aberturas del museo están ocultas, en alusión arquitectónica a las cuevas prehistóricas de Verdon. Norman Foster está familiarizado con las formas orgánicas elementales, como las de un pez con agallas, que se podrían discernir en la disposición de las ventanas, sin relación alguna con el contenido pero como un posible modelo natural para la arquitectura.

Foster and Partners a investi dans ce petit musée en pleine campagne française autant d'énergie et d'attention aux détails que s'il s'était agi de son projet le plus important. On pourrait se demander quels sont les projets qui éveillent le plus d'intérêt chez cet architecte, car sa signature est ici manifeste. En un seul grand geste, un mur en pierre sèche de 120 mètres de long couche la forme de base du bâtiment dans le versant de la montagne. Il part d'un mur plus ancien, construit avec cette technique typique de la région. Les ouvertures du musée sont cachées, en référence aux grottes préhistoriques du Verdon. Norman Foster est un habitué des formes organiques élémentaires. On pourrait reconnaître dans la disposition des fenêtres un poisson avec ses ouïes, sans aucun lien avec le contenu, mais comme modèle naturel envisageable pour l'architecture.

Questo piccolo museo specializzato, immerso nel paesaggio francese, è stato realizzato da Foster and Partners con tanta ambizione, spirito e attenzione per i dettagli come fosse un edificio di rappresentanza. Viene spontaneo domandarsi quali progetti abbiano lo stimolo maggiore per l'architetto, dato che qui se ne avverte pienamente la firma. Un unico grande gesto, nella forma di un muro a secco lungo 120 metri, costituisce la forma base dell'edificio nel fianco della montagna. Esso prende spunto da un muro preesistente costruito nella tecnica edilizia locale. Le aperture del museo restano nascoste, a ricordare le caverne preistoriche di Verdon. Forme di base organiche non sono nuove a Norman Foster – la disposizione delle aperture delle finestre nella pianta rievoca a suo modo un pesce con le branchie; tuttavia non vogliono porsi come riferimento al contenuto ma come un possibile modello naturale per l'architettura.

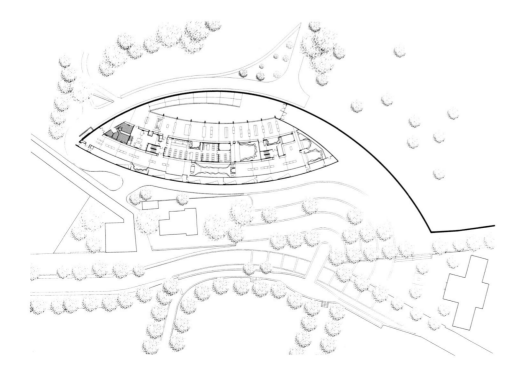

Friedrich, Hoff, Zwink
Museum der Moderne auf dem Mönchsberg | 2004
Salzburg, Austria

Salzburgs Museum der Moderne verfügt über zwei Häuser. Das barocke Rupertinum-Palais in der Altstadt wird weiterhin genutzt. Seinen Kontrapunkt erhielt es in dem neuen Gebäude von Friedrich, Hoff und Zwink auf dem Mönchsberg hoch über der Stadt. An diesem Standort, unverstellt von anderer Bebauung und direkt am Rande der Felsklippe gelegen, ist das Museum vom Tal aus gut zu sehen und es prägt das Stadtpanorama Salzburgs neu. Andererseits bietet sich von dort oben, insbesondere von der zur Stadt hin gelagerten Skulpturenterrasse, ein atemberaubender Panoramablick. Der puristische Bau wurde mit lokalem Unterberger Marmor verkleidet und durch vertikale Fugen gegliedert. Deren formale Anordnung enthält eine ganz besondere Pointe: Durch computertechnische Umwandlung von Notensystemen aus Mozarts Oper *Don Giovanni* entstand eine graphische Struktur, die nun anhand der Steinfugen der Museumsfassade eingeschrieben ist.

Salzburg's Museum der Moderne is housed in two buildings. The baroque Rupertinum Palais in the old town continues to be used, but it has now gained a counterpoint in the form of a new building by Friedrich, Hoff and Zwink on Mönchsberg hill overlooking the city. On this elevated site, unblocked by other structures and perched at the edge of a cliff, the museum is easily visible from the valley below, lending a new highlight to Salzburg's cityscape. From the opposite perspective, the museum, and in particular its sculpture terrace, provides the perfect vantage point for observing the breathtaking panorama below. The purist structure is clad in local Unterberg marble, articulated with vertical seams. The formal arrangement of these grooves is based on a very special conceit: through computer conversion of the score of Mozart's opera *Don Giovanni*, a graphical structure was generated, which is now inscribed in the museum's facade.

El Museo de Arte Moderno de Salzburgo cuenta con dos sedes. El palacio barroco Rupertinum, en el casco antiguo, sigue en uso. Como contrapunto se construyó el nuevo edificio de Friedrich, Hoff y Zwink sobre la Mönchsberg, un promontorio desde el cual se domina toda la ciudad. Justo al borde del precipicio, sin que ninguna otra construcción le haga sombra, el museo se divisa claramente desde el valle y reinventa el perfil urbano de Salzburgo. Por otra parte, la panorámica desde esas alturas, en particular desde la terraza de esculturas orientada a la ciudad, resulta cautivadora. El edificio purista está revestido con el mármol local de Unterberg y su estructura le viene dada por juntas verticales. Su disposición formal responde a un criterio muy singular: la computerización de algunos pentagramas de la ópera *Don Giovanni* de Mozart arrojó una escultura gráfica que ha quedado inscrita en la fachada del museo gracias a las ensambladuras de piedra.

Le Musée d'art moderne de Salzbourg est constitué de deux sites. Le palais baroque Rupertinum, dans le quartier historique, est toujours utilisé. En contrepoint, on a construit un nouveau bâtiment, de Friedrich, Hoff et Zwink, sur le Mönchsberg, un promontoire qui domine toute la ville. Juste au bord du précipice, sans aucun autre bâtiment pour lui faire de l'ombre, le musée se distingue clairement depuis la vallée et réinvente le profil urbain de Salzbourg. De plus, la vue panoramique depuis ces hauteurs est captivante, surtout depuis la terrasse de cultures orientée vers la ville. Le bâtiment puriste est revêtu de marbre local provenant d'Unterberg et est structuré par des joints verticaux. Sa disposition formelle répond à un critère très singulier : l'informatisation de certaines partitions de l'opéra *Don Giovanni* de Mozart a produit une sculpture graphique qui a été inscrite dans la façade du musée grâce au montage des pierres.

Il Museum der Moderne di Salisburgo dispone di due sedi: il Rupertinum nel centro storico, un palazzo di origine barocca ancora in uso, e quello che può definirsi il suo contrappunto, il nuovo edificio realizzato da Friedrich, Hoff e Zwink sul Mönchsberg, da dove sovrasta la città. Da questa posizione direttamente sul pendio della montagna, senza altri edifici a chiuderlo, il museo domina sulla vallata e dona una nuova impronta al panorama cittadino. D'altro canto, la vista che si ha da lassù è mozzafiato, soprattutto dalla terrazza di sculture rivolta verso la città. La struttura puristica è stata rivestita con marmo locale proveniente dall'Unterberg ed è segnata dal verticalismo delle fessure della pietra. Il loro assetto formale crea un effetto del tutto particolare: la trascrizione computerizzata delle note del *Don Giovanni* di Mozart ha dato origine ad una struttura grafica che è stata 'scolpita' nella facciata del museo giocando proprio sulla disposizione delle fessure.

Gigon / Guyer

Espace de l'Art Concret Donation Albers-Honegger | 2004
Mouans-Sartoux, France

Die renommierten Museumsarchitekten Annette Gigon und Mike Guyer wurden beauftragt, in einem südfranzösischen Parkgarten ein Haus für diese bedeutende Stiftung zu errichten. Ein Museum für Konkrete Kunst, einer europäischen Nachfolgeströmung des Konstruktivismus, konnte eigentlich nur ein streng kubischer Baukörper sein. Doch im Gegensatz zu den weißen Kuben der klassischen Moderne fassten die Architekten dieses Gebäude aussen vollständig in einem fluoriszierenden Grün. Dazu begrüßt den Besucher am Eingang eine rote Säule mit dem stärksten komplementären Farbkontrast – dieses wiederum ein Elementarprinzip der Konkreten Kunst.

Renowned museum architects Annette Gigon and Mike Guyer were enlisted to design a building to house this important foundation on park-like grounds in southern France. A museum of Concrete Art, a European successor movement to Constructivism, could really only take the form of a strictly cubist structure. However, as a departure from the white cubes of classic modernism, the architects completely immersed their building's exterior in a fluorescent green tone. Greeting the viewer at the entrance is a bright red column, the strongest possible complementary colour contrast – the use of which is one of the elementary principles of Concrete Art.

Los renombrados arquitectos de museos Annette Gigon y Mike Guyer recibieron el encargo de edificar una casa para esta importante donación en un parque del sur de Francia. Un museo de arte concreto, corriente artística europea surgida del constructivismo, no podía por menos que alojarse en un simple bloque de forma cúbica. Pero, por oposición a los cubos blancos de los clásicos modernos, estos dos arquitectos pintaron de verde fluorescente el exterior del edificio. Una columna roja da la bienvenida al visitante junto a la entrada y crea un fuerte contraste cromático entre colores complementarios como guiño a otro de los principios elementales del arte concreto.

Les célèbres architectes Annette Gigon et Mike Guyer, spécialistes des musées, ont été chargés de construire une maison dans un parc du sud de la France pour cette importante donation. Un musée d'art concret, courant artistique européen né du constructivisme, ne pouvait se loger que dans un simple bloc de forme cubique. Mais, par opposition aux cubes blancs des classiques modernes, ces deux architectes ont peint l'extérieur du bâtiment en vert fluorescent. À côté de l'entrée, une colonne rouge accueille le visiteur et crée un fort contraste chromatique entre couleurs complémentaires, clin d'œil à un autre principe élémentaire de l'art concret.

Annette Gigon e Mike Guyer, architetti rinomati nell'edilizia museale, hanno avuto l'incarico di costruire la sede di questa importante fondazione in un parco della Francia meridionale. E un museo per l'arte concreta, corrente europea sviluppatasi dal costruttivismo, non poteva che prendere corpo in una struttura rigidamente cubica. In opposizione però ai cubi bianchi del passato, gli architetti hanno completamente rivestito l'esterno dell'edificio in un verde fluorescente. Non solo: i visitatori vengono accolti all'ingresso da una colonna rossa, nel colore complementare che crea così il contrasto più forte, anche se questo non è che un altro dei principi base dell'arte concreta.

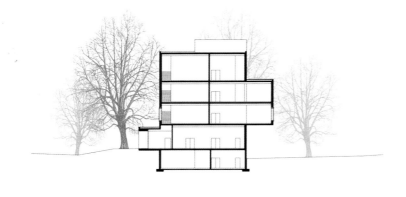

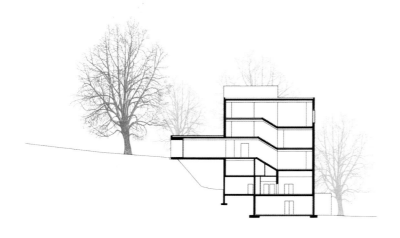

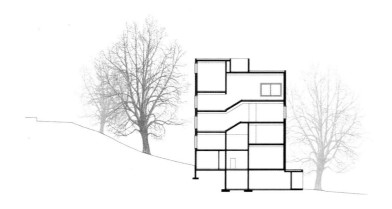

Hascher Jehle Architektur
Kunstmuseum Stuttgart | 2005
Stuttgart, Germany

Erst durch Maßnahmen, die die Architekten im Zusammenhang mit der räumlichen Integration ihres Neubaus unternahmen, konnte der Kleine Schlossplatz für den zentralen Fußgängerbereich in Stuttgarts Innenstadt zurückgewonnen werden. Früher war hier ein Verkehrsknotenpunkt, der später lediglich überdeckt wurde. Hascher und Jehle nutzten im unterirdischen Bereich des neuen Museums unter anderem die ehemaligen Auto- und Straßenbahntunnel und schufen Ausstellungsräume und Galerien auf mehreren Ebenen. In den vor dem Museum liegenden Schlossplatz ist ein langes, breites Lichtband eingelassen, durch das man in die Sammlung blicken kann. Besucher der Stadt können ausserdem über eine breite flankierende Treppe ersten Kontakt mit dem Museum aufnehmen und in den Glaswürfel hineinschauen. Von innen kann der Raum zwischen Glasfassade und Kerngebäude im Zusammenhang mit Ausstellungen genutzt werden.

It was thanks to measures undertaken by the architects to integrate their new building in the existing space that Stuttgart's Kleine Schlossplatz could be reincorporated into the city's central pedestrian zone. This used to be a major traffic hub, which was later merely covered over. Hascher and Jehle made use of underground elements beneath the new museum, including former motorway and tram tunnels, to create exhibition rooms and galleries on several levels. Built into the ground of the Schlossplatz in front of the museum, a long, broad band of glass provides a glimpse of the collection down below. Visitors to the city also encounter the museum via a broad flanking staircase, from which they are afforded views into the glass cube. Inside, the space between glass facade and core building can be used for exhibition elements.

La pequeña plaza de Palacio pudo ser recuperada para la zona peatonal central del casco antiguo de Stuttgart gracias a las medidas adoptadas por los arquitectos con vistas a la integración espacial de su nuevo proyecto. En el pasado, había aquí un nudo de comunicaciones que con el tiempo acabó soterrado. En el nivel subterráneo del nuevo museo, Hascher y Jehle aprovecharon, entre otras cosas, los antiguos túneles de los tranvías y los automóviles para crear salas de exposición y galerías a varios niveles. En la explanada situada frente al museo se abrió una zanja larga y ancha que permite la entrada de luz y hace posible, además, echar un vistazo a la colección. Las personas que visitan la ciudad también pueden establecer un primer contacto con el museo mediante la amplia escalera que lo flanquea y curiosear a través de los cubos de cristal. En el interior, el espacio comprendido entre la fachada de vidrio y el edificio central se puede aprovechar para organizar exposiciones.

La petite Place du château a pu être réincorporée à la zone piétonne centrale de la vieille ville de Stuttgart grâce aux mesures adoptées par les architectes en vue de l'intégration spatiale de leur nouveau projet. Par le passé, il y avait ici un nœud de communications qui avait ensuite été enterré. Dans le niveau souterrain du nouveau musée, Hascher et Jehle ont utilisé, entre autres, les anciens tunnels des tramways et des voitures pour créer des salles d'exposition et des galeries sur plusieurs niveaux. On a pratiqué une longue et large ouverture dans l'esplanade qui fait face au musée, afin de laisser passer la lumière et de permettre de jeter un coup d'œil à la collection. Les touristes peuvent également établir un premier contact avec le musée grâce au large escalier dont il est flanqué, et regarder à travers les cubes de verre. À l'intérieur, l'espace compris entre la façade en verre et le bâtiment central peut servir à organiser des expositions.

È solo grazie ai provvedimenti che gli architetti hanno preso in merito all'inserimento spaziale del nuovo edificio che il Kleiner Schloßplatz, nella zona a traffico pedonale del centro cittadino, è stato recuperato. Questo era nel passato un punto di snodo del traffico, che soltanto con il tempo è stato coperto. Nella parte sotterranea del nuovo museo, Hascher e Jehle hanno utilizzato tra l'altro i tunnel dell'autostrada e della metropolitana, creando gallerie e aree espositive su più piani. Sulla piazza di fronte al museo è stato inserito un nastro luminoso grazie al quale è possibile curiosare nella collezione. Chi passeggia per la città può inoltre prendere un primo contatto con il museo dalla larga scalinata che lo costeggia e osservare all'interno del cubo di vetro. Lo spazio tra la struttura portante e il *curtain wall* è utilizzato come ulteriore zona espositiva.

Herzog & de Meuron
Tate Modern | 2000
London, Great Britain

Der Erfolg von Herzog & de Meurons Tate Modern hat den Boom dieses Architektenteams in die Zweitausender Jahre gewaltig befeuert, besonders im Bereich Museumsbau. Dabei kann man dieses Projekt durchaus als Bewährungsprobe bezeichnen, denn es gab nicht die Möglichkeit zu einem Neubau. Vielmehr sollte ein funktionsfremder Altbau – ein ehemaliges Kraftwerk – in Londons erstes Museum für Moderne umgewandelt werden. Die souveränen Designer haben den Backsteinbau von G. G. Scott (Erfinder des roten Telefonhäuschens) nicht verkleidet, sondern dessen Industriecharakter hervorgehoben und in einen hochästhetischen Kontrast zu beleuchteten modernen Glasein- und -umbauten gebracht. Die vielleicht wichtigste Entscheidung in architektonischer Hinsicht war die Freilegung der Turbinenhalle, die nun als gigantischer Raum von 35 Metern Höhe, so nur vergleichbar einem Kirchenschiff, wirken kann.

The success of Herzog & de Meuron's Tate Modern set off a boom for this architect team which has continued on into the new millennium, especially in the field of museum building. This project might well be regarded as the acid test for the architects, as they didn't have the option here of erecting a new building. Instead, they were asked to transform a pre-existing structure with a completely different function – a former power plant – into London's first museum for modern art. The capable designers did not attempt to conceal the brick building erected by G. G. Scott (inventor of Britain's red telephone booth), but rather underlined its industrial character and contrasted it in a highly aesthetic fashion with modern glass insertions and additions. Perhaps the team's most important decision in architectonic terms was to lay open the turbine hall, which can now unfold its full power as a gigantic space soaring 35 metres upward, comparable in feeling only to a church nave.

El éxito de la Tate Modern de Herzog & de Meuron ha supuesto el lanzamiento definitivo de este equipo de arquitectos hacia el siglo XXI, en particular en el ámbito de la arquitectura museística. A este respecto, el proyecto de la Tate Modern puede calificarse de una auténtica prueba de fuego, puesto que nunca existió la opción de levantar un nuevo edificio. El cometido consistía en transformar una construcción antigua, totalmente ajena a su función actual (una vieja central eléctrica), en el primer museo de arte moderno de Londres. Los aventajados diseñadores no han disfrazado la obra original en ladrillo de G. G. Scott (el inventor de las cabinas telefónicas rojas) sino que han optado por subrayar su carácter industrial y contrastarlo, en función de criterios puramente estéticos, con cristales empotrados iluminados y otras reformas modernas. Tal vez la decisión más importante desde el punto de vista arquitectónico fue el descubrimiento de la sala de turbinas, que hoy luce como un espacio monumental de 35 metros de altura sólo comparable a la nave de una iglesia.

Le succès de la Tate Modern de Herzog & Meuron a propulsé cette équipe d'architectes dans le XXIème siècle, particulièrement dans le domaine de l'architecture de musées. Le projet de la Tate Modern peut d'ailleurs être qualifié d'authentique épreuve du feu, car ériger un nouveau bâtiment n'a jamais fait partie des options. L'objectif était de transformer un bâtiment ancien, totalement étranger à sa fonction actuelle (une vieille centrale électrique), et d'en faire le premier musée d'art moderne de Londres. Ces créateurs remarquables n'ont pas camouflé l'œuvre originale en brique de G. G. Scott (l'inventeur des cabines téléphoniques rouges). Ils ont décidé de souligner son caractère industriel et de le faire contraster, selon des critères purement esthétiques, avec des éléments en verre encastrés et éclairés et autres rénovations modernes. La décision la plus importante du point de vue architectural a été la mise à jour de la salle des turbines, qui aujourd'hui est un espace monumental de 35 mètres de haut, que l'on ne peut comparer qu'à la nef d'une église.

Il successo della Tate Modern di Herzog & de Meuron ha segnato il boom di questo team di architetti nel nuovo millennio, soprattutto nell'edilizia museale. Il progetto, in effetti, può essere visto come una vera e propria prova di abilità, poiché non c'era la possibilità di realizzare una nuova struttura. Al contrario, un vecchio edificio poco funzionale – una centrale elettrica – è stato scelto per diventare il primo museo di arte contemporanea di Londra. Gli esperti designer non hanno rivestito l'edificio in mattoni di G. G. Scott (l'inventore delle cabine telefoniche rosse), anzi ne hanno sottolineato il carattere industriale modellandolo in un complesso moderno dal forte contrasto estetico, con vetrate e una nuova costruzione in vetro, magistralmente illuminate. Da un punto di vista architettonico, la decisione più importante è stata forse quella di scoprire la sala turbine, che ora si rivela come uno spazio immenso di 35 metri di altezza, comparabile solo a quello della navata di una chiesa.

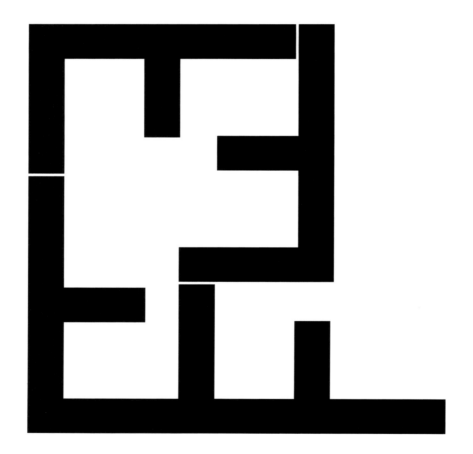

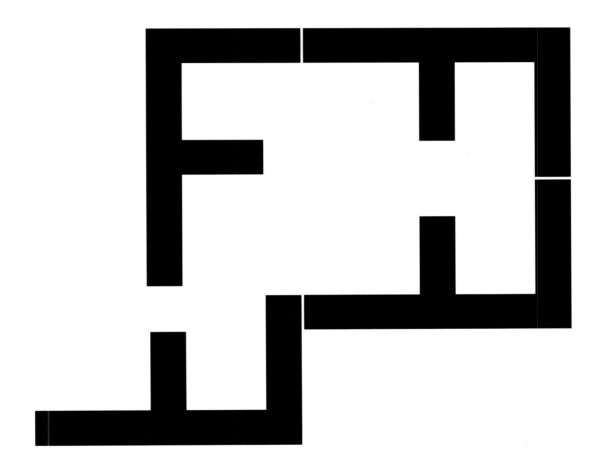

„Art Center" und nicht einfach nur Museum ist das Walker Institut, denn es versteht sich als Brutstätte der Moderne. Auch bei diesem Projekt gehörte für die beiden Schweizer wieder die Auseinandersetzung mit einer vorhandenen Architektur zum Bauauftrag. Der vergleichende Blick auf den Altbau von E. L. Barnes ist Schlüssel zum Verständnis des neuen Werkes. In beiden Fällen ist die Grundform ein quadratischer Block. Der Neubau erlaubt sich ein Schweben über dem Boden, ein „Lüften des Rocksaumes", so dass eine Gebäudecke sich leicht vorschiebt und er zeigt eine etwas gewalttätige Scharte oben an der Dachkante. Beide Häuser sind fast fensterlos, wie ein Bunker. Die beiden schlitzartigen Fensterbänder von Barnes setzen Herzog und de Meuron jedoch in schräg in der Fassade sitzende Polygone um. Als Kontrapunkt zu dem alten Backsteinmauerwerk verkleiden sie den neuen Trakt mit Aluminiumplatten, wobei deren Raster und Textur an die Fugen und die Oberfläche des Gegenübers erinnern.

The Walker Institute is a true "art centre" and not merely a museum, for it sees itself as an incubator of modernism. As with the Tate Modern, the Swiss architect duo once again had to come to terms with an existing structure. Comparing the resulting new building with the previous structure by E. L. Barnes is the key to understanding how the architects tackled this task. The basic form of both buildings is a square block. But instead of being solidly anchored to the ground like its predecessor, the new building floats above it, as if "airing its skirts", with one corner pushed forward and lifted up, revealing a formidable notch at the upper roof edge. Both buildings are almost windowless, bunker-like. Herzog and de Meuron have, however, translated Barnes's two slit-like bands of windows into two polygonal openings set diagonally into the facade. As a counterpoint to the brick walls of the old building, the new tract is clad in aluminium panels, whose grid pattern and texture nonetheless recall the surface of the structure opposite.

El Walker Institut es un «Art Center», un centro de arte, y no un simple museo, puesto que está concebido como un plantel de modernidad. Los dos arquitectos suizos tuvieron que enfrentarse de nuevo en este proyecto con una obra arquitectónica previa. La visión comparativa con el antiguo edificio de E. L. Barnes es la clave para poder entender la obra nueva. La forma básica de ambos es un bloque cuadrado, pero la nueva construcción se permite flotar sobre el suelo, «ventilar los bajos» por así decirlo, de modo que una parte del edificio sobresale ligeramente de la base y presenta una mella un tanto exagerada en el borde superior de la azotea. Ambos bloques carecen casi por completo de ventanas, a modo de búnker. Herzog y de Meuron reconvirtieron las dos hileras de ventanas semejantes a rendijas del edificio de Barnes en dos polígonos torcidos en la fachada. En contraste con el viejo ladrillo, revistieron el nuevo edificio con planchas de aluminio que recuerdan, por su trama y su textura, las rendijas y la superficie de su vecino de enfrente.

Le Walker Institut est un « Art Center », un centre artistique, et non un simple musée, car il est conçu comme une pépinière de modernité. Avec ce projet, les deux architectes suisses ont de nouveau été confrontés à une œuvre architecturale déjà existante. Pour comprendre la nouvelle oeuvre, il faut la comparer à l'ancien bâtiment de E. L. Barnes. La forme de base est un bloc carré, mais la nouvelle construction prend la liberté de flotter au-dessus du sol, de « faire des courants d'air », pour ainsi dire, et l'un des coins dépasse légèrement de la base et présente une immense brèche dans le bord supérieur du toit. Les deux blocs sont complètement dénués de fenêtres, comme des bunkers. Herzog et de Meuron ont reconverti les deux rangées de fenêtres en fente du bâtiment de Barnes en deux polygones en biais dans la façade. En contrepoint des vieilles briques, ils ont revêtu le nouveau bâtiment de planches d'aluminium dont la trame et la texture rappellent les joints et la surface de son voisin.

L'istituto Walker non è solo un museo, ma un "Art Center", concepito come culla dell'arte contemporanea. Anche per questo progetto i due architetti svizzeri si sono trovati di fronte ad una commissione che prevedeva la rielaborazione di una struttura architettonica già esistente. Il confronto con il vecchio edificio di E. L. Barnes fornisce la chiave interpretativa per capire il nuovo. In entrambi i casi la forma base è un blocco quadrato. Il nuovo edificio si vanta tuttavia di "fluttuare" dal suolo, come un lembo di roccia sospeso, con uno spigolo che sporge leggermente in avanti, e mostra un'improvvisa spaccatura lungo la linea del tetto. Entrambi gli edifici sono quasi completamente senza finestre, come bunker. Le due linee di finestre di Barnes, a forma di fenditura, vengono trasformate da Herzog e de Meuron in due poligoni incastrati obliquamente nella facciata. Come contrappunto al vecchio complesso in mattoni i due architetti hanno rivestito la nuova sede con lamine di alluminio la cui e struttura ricorda le giunture e la superficie della costruzione dirimpetto.

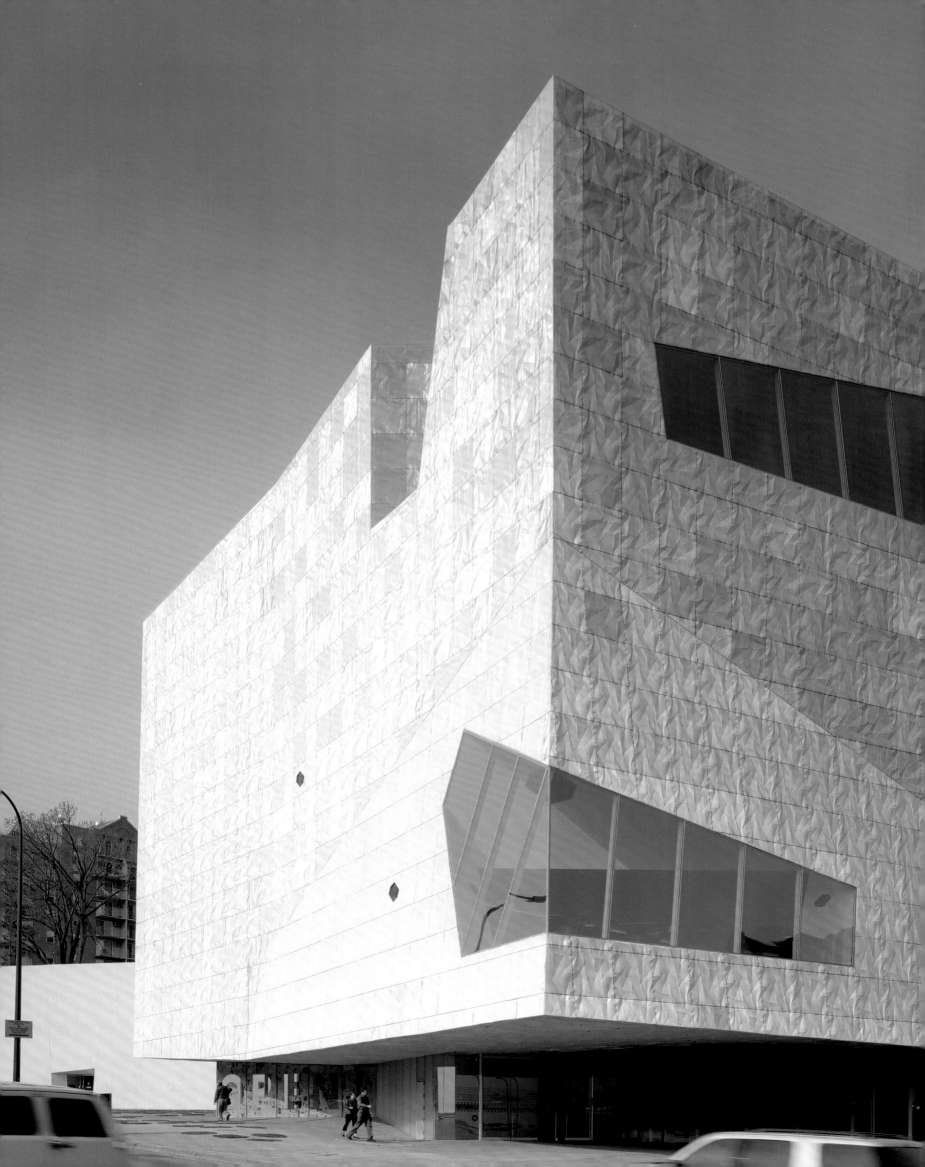

Hilmer & Sattler und Albrecht
Globus-Haus | 2004
Schloss Gottorf, Germany

Dieses ist ein Museum für nur ein einziges Exponat: einen riesigen Globus von 3 Meter Durchmesser. Der Kontrast zwischen der Zierlichkeit des Museumsgehäuses und der dicken Kugel ist beabsichtigt. Das Gebäude selbst spielt vielfältig auf die historische Geografie und Astronomie an: auf die Wunderkammern der Renaissance, auf Sonnenuhren, persische Lustschlösser zur Sternenbetrachtung sowie auf Tempel, die sich nach Gestirnen und Sonnenachsen richteten. Die moderne Strenge in den Konturen des Bauwerkes kontrastiert mit dem umgebenden Barockgarten.

This is a museum built to display a single object: a gigantic globe measuring 3 metres in diameter. The contrast between the delicate museum structure and the massive ball within is intended. The building alludes in multiple ways to historical geography and astronomy: to the curiosity cabinets of the Renaissance, to sundials, to Persian pleasure palaces built for observing the heavens, and to temples oriented according to the constellations and axes of the sun. The modern severity of the structure's contours forms a sharp contrast with the opulent Baroque garden in which it is set.

Este museo se concibió para exponer un sólo objeto: un globo gigantesco de 3 metros de diámetro. El contraste entre la gracilidad de la estructura del museo y la inmensa bola es intencionado. El edificio incluye múltiples alusiones a la geografía y la astronomía a lo largo de la historia: los gabinetes de curiosidades del Renacimiento, los relojes de sol, los palacios de recreo persas para la observación de las estrellas y los templos edificados en función de los astros y los ejes solares. El moderno estatismo de los contornos de esta obra arquitectónica contrasta con los jardines barrocos que la circundan.

Ce musée a été conçu pour n'exposer qu'un seul objet : un énorme globe de 3 mètres de diamètre. Le contraste entre la légèreté de la structure du musée et la boule massive est délibéré. Le bâtiment lui-même fait de nombreuses allusions à la géographie et à l'astronomie tout au long de l'histoire : les cabinets de curiosités de la Renaissance, les cadrans solaires, les palais d'amusement perses pour l'observation des étoiles et les temples édifiés en fonction des astres et des axes solaires. L'austérité moderne des contours de ce bâtiment contraste avec les jardins baroques qui l'entourent.

Il museo è stato edificato per un unico pezzo d'esposizione: un enorme globo dal diametro di 3 metri. Il contrasto tra la leggerezza della struttura esterna e l'imponente sfera è intenzionale. L'edificio stesso vuole essere in vario modo un'allusione alla geografia e all'astronomia storiche: alle *Wunderkammern*, le camere delle meraviglie rinascimentali, alle meridiane, alle residenze estive persiane per l'osservazione delle stelle e ai templi orientati in base alle costellazioni e agli assi solari. La moderna austerità delle linee dell'edificio gioca sul contrasto con il giardino barocco circostante.

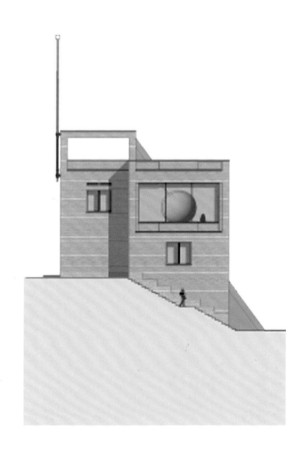
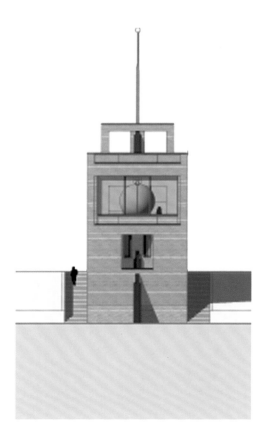

Hans Hollein
Musée Vulcania | 2002
Saint-Ours-les-Roches, France

Dieses Museum und das Europäische Zentrum für Vulkanismus liegen in 1.000 Meter Höhe inmitten der erloschenen Vulkane des Massif Central. Markantes und weithin sichtbares Zentrum des Komplexes ist ein 37 Meter hoher, aus zwei versetzt stehenden konischen Halbschalen errichteter Kegel. Er formt einen künstlichen Krater und wurde tatsächlich in einen an dieser Stelle erkalteten Lavastrom gesetzt. Aussen wurde er mit Basalt, also mit Lavagestein, verkleidet. Die spaktakuläre schillernde Innenseite besteht aus goldfarbenem Edelstahl, der Assoziationen mit glühendem Material fördert. Das eigentliche Museum ist unterirdisch und wird durch den Krater belichtet. Der Zugang erfolgt dramatisch als Abstieg in einen beeindruckenden Schlund.

This museum, part of a European centre for volcano research, is situated at an altitude of 1,000 metres in the middle of an extinguished volcano in the Massif Central. The striking focal point of the complex, which can be seen far and wide, is a 37-metre-high cone composed of two offset conical half-shells. The cone forms an artificial crater set over an actual solidified lava stream. It is fittingly sheathed in basalt, a ligneous, or volcanic, rock. The spectacular iridescent interior is coated in gold-coloured stainless steel, promoting associations with a smouldering volcano. The actual museum itself is underground, with light pouring down from the crater. To enter the museum, visitors undertake a dramatic descent into the imposing mouth of the volcano.

Este museo y, con él, un centro europeo de vulcanismo, están situados a 1.000 metros de altitud, en medio de los volcanes extintos del Macizo Central francés. El elemento más destacado y visible del conjunto es un cono de 37 metros de altura, formado por dos medias cáscaras cónicas desplazadas entre sí. Representa un cráter artificial y se erigió sobre un torrente de lava petrificado. El exterior se revistió de basalto, una roca volcánica. El espectacular interior tornasolado está revestido de fino acero dorado con objeto de propiciar la asociación con materiales incandescentes. El museo propiamente dicho es subterráneo y recibe la luz a través del cráter. Se accede a él mediante un espectacular descenso por una especie de garganta.

Ce musée, ainsi qu'un centre européen de volcanisme, se situe à 1 000 mètres d'altitude, au milieu des volcans éteints du Massif Central français. L'élément le plus caractéristique et le plus visible de l'ensemble est un cône de 37 mètres de hauteur, formé par deux coquilles semi-coniques décalées. Il représente un cratère artificiel, et a d'ailleurs été placé sur un torrent de lave pétrifiée. L'extérieur a été revêtu de basalte, une roche volcanique. L'intérieur moiré, spectaculaire, est revêtu d'une fine couche d'acier doré qui favorise les associations avec des matières incandescentes. Le musée proprement dit est souterrain et reçoit la lumière à travers le cratère. Pour y accéder, on entreprend une descente spectaculaire dans une espèce de gorge.

Il museo – e con esso il Centro Europeo per il Vulcanismo – si trova a 1.000 metri di altitudine, al centro dei vulcani spenti del Massiccio Centrale. Elemento di spicco del complesso, ben visibile da lontano, è una struttura di 37 metri di altezza, costituita da due semiconi sfalsati. Essa rappresenta un cratere artificiale e non a caso è stata eretta su una colata di lava raffreddata. L'esterno è rivestito in basalto, una pietra di origine vulcanica; l'interno, spettacolare nella sua luminosità, è invece in un acciaio dorato che richiama alla mente immagini della materia incandescente. Il museo vero e proprio è sotterraneo e viene illuminato dall'apertura del cratere; l'ingresso avviene in maniera fortemente suggestiva come discesa in una voragine spettacolare.

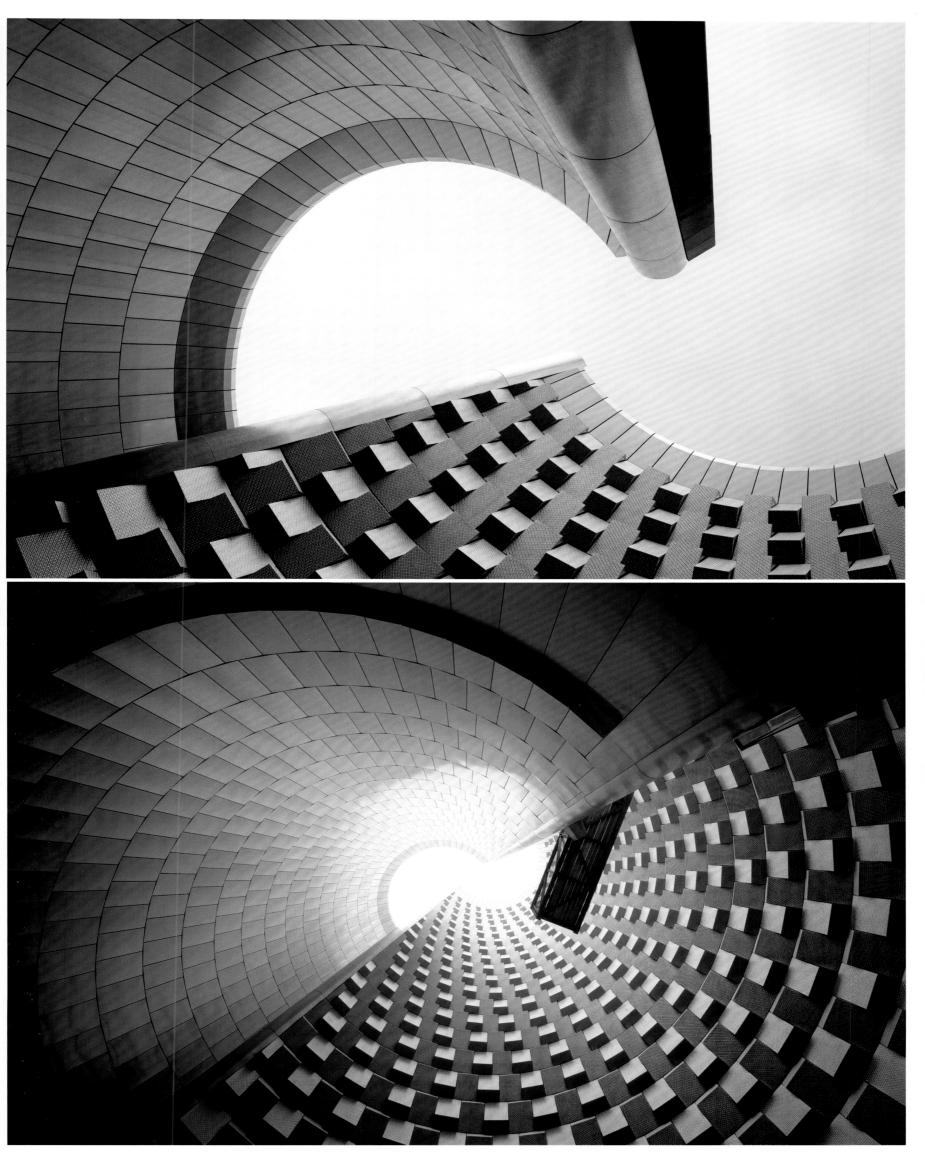

Rem Koolhaas / OMA
Guggenheim and Hermitage Museum
at The Venetian Venetian-Hotel-Casino | 2005
Las Vegas/NV USA

Es gab einmal ein theoretisches Ideal der Kunstrezeption im Museum: "die weiße Zelle..." Die neuen Filialen von Eremitage und Guggenheim sind nicht ins Kloster gegangen, sondern in ein Hotel, wie ein Millionär auf Europa-Rundreise. Venedig heisst entsprechend das Casino-Hotel, in dessen Räumlichkeiten diesmal Kunstsammlungen untergebracht sind, neben dem Hotelbetrieb. Rem Koolhaas verkleidet die Museumssuite mit oxidiertem Corten-Stahl und versieht sie mit drehbaren Kulissen. Gemälde hängen per Magnet an den Wänden. Für Guggenheims Motorradsammlung schuf Frank O. Gehry das Ausstellungsdesign.

Once upon a time there was a theoretical ideal of art reception in a museum: "the white cell..." The new branches of the Hermitage and Guggenheim have not entered the monastery, but have instead found accommodations at a hotel, like a millionaire on a European tour. In this case, though, Venetian is the name of the hotel and casino in which the art collections share space with regular hotel operations. Rem Koolhaas has sheathed the museum suite in oxidized corten steel and equipped it with revolving backdrops. Paintings are attached to the walls with magnets. Frank O. Gehry designed the exhibition space here for the Guggenheim's motorcycle collection.

Hubo en su día un ideal teórico acerca de lo que debía ser un espacio artístico de recepción en los museos: «la celda blanca». Las nuevas filiales del Hermitage y el Guggenheim no se alojan en un convento sino en un hotel, a modo de alusión a un millonario viaje por Europa. Venecia se llama el hotel-casino cuyas instalaciones acogen hoy las colecciones de arte, además del negocio hotelero. Rem Koolhaas revistió la suite del museo de acero corten oxidado y la dotó de bastidores giratorios. Los lienzos cuelgan de las paredes con imanes. Frank O. Gehry se encargó de diseñar la exposición para la colección de motocicletas del Guggenheim.

À une certaine époque, il existait un idéal théorique de ce que devait être la perception de l'art dans les musées : « la cellule blanche ». Les nouvelles filiales de l'Hermitage et du Guggenheim ne sont pas logées dans un couvent mais dans un hôtel, comme une allusion à un voyage luxueux à travers l'Europe. D'ailleurs, l'hôtel-casino qui accueille aujourd'hui des collections d'art en plus de ses clients habituels s'appelle Venise. Rem Koolhaas a revêtu la suite du musée d'acier corten oxydé et l'a équipée de châssis pivotants. Les toiles sont accrochées aux murs grâce à des aimants. Frank O. Gehry s'est chargé de la conception de l'exposition pour la collection de motocyclettes du Guggenheim.

C'era una volta l'ideale teorico della fruizione dell'arte al museo: "la cella bianca..." Le nuove filiali di Hermitage e Guggenheim non hanno scelto la via del convento ma quella dell'albergo, come farebbe un milionario in viaggio per l'Europa. L'albergo-casinò si chiama Venezia ed ospita in questo caso collezioni d'arte oltre alla struttura alberghiera vera e propria. Rem Koolhaas ha rivestito la suite del museo con acciaio corten ossidato e l'ha fornita di pareti mobili alle quali i dipinti sono appesi per mezzo di magneti. Frank O. Gehry ha curato l'allestimento della mostra sulla collezione di motociclette del Guggenheim.

Rem Koolhaas / OMA
Child Education & Culture Center at Leeum/
Samsung Museum of Art Foundation | 2004
Seoul, Korea

Koolhaas/OMA inszenierten den Eingangs- und den zentralen Lobbybereich für das gesamte Leeum-Museumsgelände. Von den beiden anderen Sammlungsgebäuden führen Wege hierher. Das Foyer ist unterirdisch. Wie ein Labyrinth verzweigen sich Wege über, unter und durch einen schwarzen Betonbau. Koolhaas nennt ihn „Black Box" und wünscht sich „unsichtbare Architektur", also einen abstrakten Raum. Kunstaktionen für Kinder finden in dieser Erlebnisarchitektur einen idealen Platz.

Koolhaas/OMA designed the entrance and lobby area at the centre of the Leeum Museum complex. Paths lead to this centre from the two buildings housing the collections. The foyer is located underground. Like a labyrinth, walkways circulate over, under and through a black concrete structure, which Koolhaas has dubbed the "Black Box". This is an expression of his desire to create "invisible architecture", i.e. an abstract space. The dynamic architectural experience thus created forms an ideal framework for the children's art activities taking place there.

Koolhaas/OMA creó la entrada y el vestíbulo central comunes a todo el Leeum Museum. Sendos pasillos conducen hasta esta zona desde los otros dos edificios de exposición. El foyer es subterráneo. Los pasillos se ramifican como en un laberinto por encima, por debajo y a través de una construcción negra de hormigón. Koolhaas la denomina *black box* (caja negra) y busca con ella una «arquitectura invisíble», es decir, un espacio abstracto. Esta arquitectura intuitiva constituye el escenario perfecto para actividades artísticas destinadas al público infantil.

Koolhaas/OMA a créé l'entrée et le vestibule central communs à tout le Leeum Museum. Chaque couloir partant des deux autres bâtiments d'exposition conduit à cette zone. Le foyer est souterrain. Les couloirs se ramifient comme dans un labyrinthe au-dessus, en dessous et en travers d'une construction noire en béton. Koolhaas l'appelle la *black box* (boîte noire), et cherche à travers elle une « architecture invisible », c'est-à-dire un espace abstrait. Cette architecture intuitive est le théâtre idéal pour des activités artistiques destinées aux enfants.

Koolhaas/OMA hanno allestito l'ingresso e l'atrio centrale per la struttura complessiva del Leeum Museum. È qui che si incontrano i percorsi che portano agli altri due edifici. Il foyer è sotterraneo. I corridoi si ramificano come in un labirinto sopra, sotto e all'interno di una struttura in calcestruzzo nera che Koolhaas ha chiamato "Black Box", volendo simboleggiare una "architettura invisibile", uno spazio astratto. Le attività didattiche per bambini trovano un luogo ideale in questo complesso architettonico tutto da sperimentare.

Legorreta + Legorreta
Latino Cultural Center | 2003
Dallas/TX USA

Der Wunsch, für die lateinamerikanische Gemeinschaft in Dallas einen Raum für kulturelle Aktivitäten zu schaffen, führte zur Gründung und zum Bau des Latino Cultural Center. Künstlerische und kulturelle Traditionen werden hier besonders gefördert, bewahrt und präsentiert. Geometrische Formen in den leuchtenden Farben Gelb, Rot und Lila prägen den Komplex, der damit einen neuen Akzent in die umgebende graue Stadtsituation bringt. Den Eingang des Gebäudeensembles betont ein Turm als starkes, einprägsames Zeichen. Die Galerie ist ein separater, im rechten Winkel von den Nachbargebäuden abzweigender großer Kubus. Hier entstand Raum für Kunstausstellungen.

The need of a cultural facility which focuses on the Latino community in Dallas has resulted in a center that serves to exhibit and preserve the arts and cultural traditions. The playful mix of geometric forms blending the use of brick and plaster, brings a different scale to the project in response to the urban landscape. The use of bright colours, yellow, red and purple, catches the attention in the grey city. A tower emphasizes the main entry to the complex. The gallery is a large cube, set behind the general spaces , rotated 45 degrees for visual emphasis. It will serve as a display area for artwork.

La necesidad de crear un espacio cultural para la comunidad latina de Dallas ha resultado en un Centro donde se fomenta, se conserva y se exhibe la tradición artística y cultural del mundo latino. Jugando con distintas figuras geométricas y haciendo uso del ladrillo y del aplanado, se busca dar una diferente escala al proyecto, en respuesta al contexto urbano. El uso de colores intensos como son el amarillo, rojo y morado llama la atención en una ciudad de tonalidades grises. En la entrada del edificio destaca una torre como símbolo fácilmente identificable. La galería está formada por un gran cubo rotado 45 grados respecto al cuerpo principal, para lograr un énfasis visual. En ella se organizan exposiciones de arte.

À Dallas, le désir de la communauté latino-américaine de disposer d'un espace d'activités culturelles a mené à la construction d'un centre d'exposition, de développement et de préservation des arts et des traditions culturelles. Le mélange ludique de formes géométriques combinant les briques et le plâtre se détache sur le paysage urbain environnant. L'utilisation de couleurs vives, jaune, rouge et pourpre, attire l'attention dans la grisaille de la ville. L'entrée principale du complexe est signalée par une tour. La galerie est un grand cube tourné à quarante-cinq degrés par rapport aux bâtiments voisins, ce qui le distingue visuellement du reste. C'est là que sont exposées les œuvres d'art.

Il Latino Cultural Center è stato realizzato come centro culturale per accogliere e conservare arte e tradizioni della comunità latinoamericana di Dallas. Il complesso è caratterizzato da forme geometriche dai colori vivaci, quali il giallo, il rosso e il viola, che ne accentuano l'aspetto nel grigiore del contesto cittadino circostante. Una torre, fortemente emblematica, segna l'ingresso del complesso. La galleria espositiva è ospitata in un grande edificio a forma di cubo, separato e posto perpendicolarmente rispetto al resto.

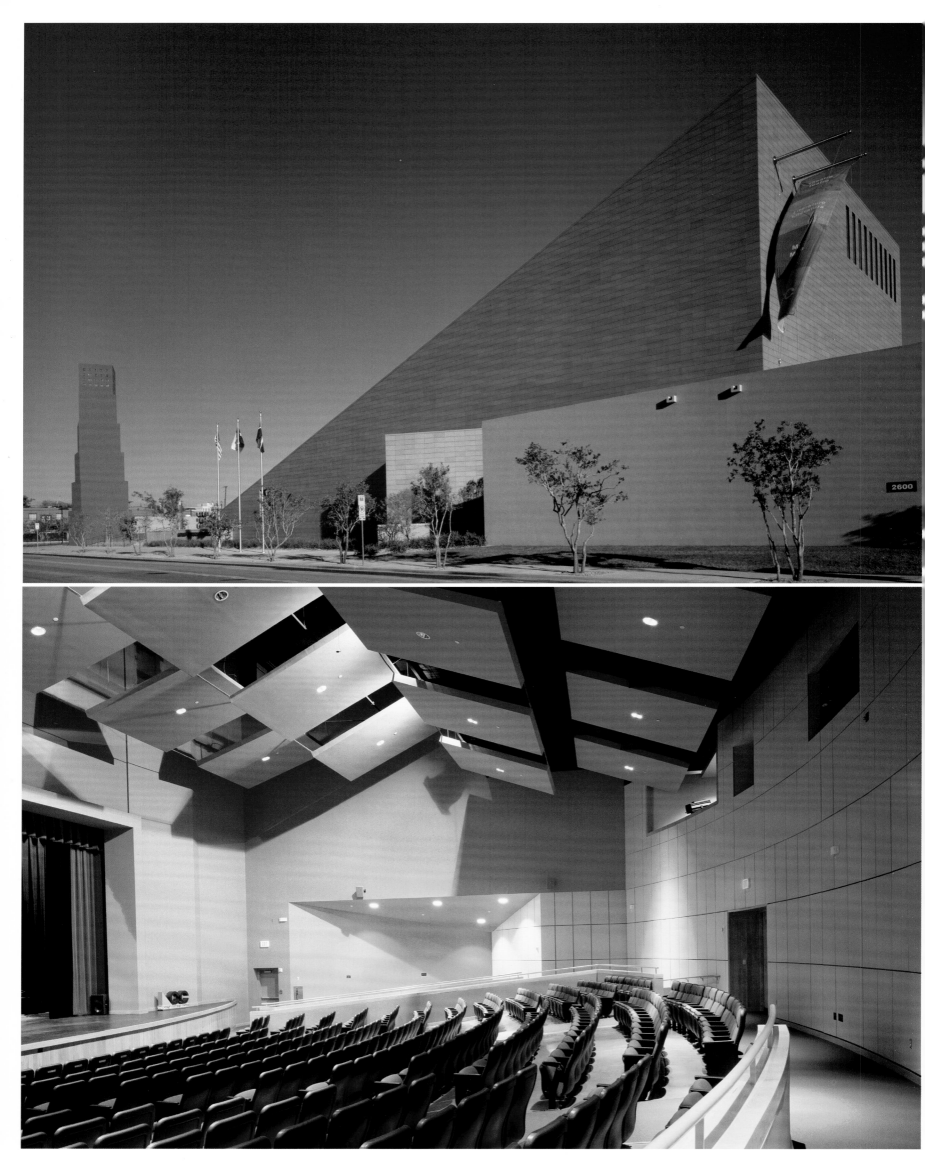

Mansilla + Tuñón
MUSAC | 2005
León, Spain

Die Architekten unterwerfen ihre Projekte nicht einem starren stilistischen Konzept, sondern erforschen einen Ort hinsichtlich seiner sozialen und historischen Gegebenheiten und symbolisieren diese im Bauwerk. Das MUSAC als Zentrum für zeitgenössische Kunst soll offen, vielfältig bespielbar und lebendig sein. Dieses wird gefördert durch den unregelmäßigen antirechteckigen Grundriss der Raummodule. Innenhöfe zwischen den Gebäudeflügeln sowie die Lichtregie der Dach- und Wandfenster lockern das Raumerlebnis zusätzlich auf. Historische Bezugspunkte für den Grundriss einerseits und das gefärbte Glas der Fassade andererseits sind römische Mosaiken und gotische Fenster, wie die der Kathedrale von León.

Rather than subjugate their projects to a rigid stylistic concept, the architects research each site in terms of its social and historical circumstances and symbolize these in their building design. As a centre for contemporary art, the MUSAC is intended to be open and lively, and to provide space for many different types of artwork. These requirements are met by the irregular, non-rectilinear plan of the room modules. Interior courtyards between the building's wings as well as the play of light through skylights and windows serve to further enliven the space. Historical references influencing the floor plan and the coloured glass of the facade include Roman mosaics and Gothic stained glass windows, such as those in León Cathedral.

Estos arquitectos no suelen someter sus proyectos a un concepto estilístico rígido, sino que investigan el contexto social e histórico del lugar y lo incorporan simbólicamente al resultado final. El MUSAC, en su condición de centro de arte contemporáneo, debía ser un espacio abierto, versátil y vital, y así lo refleja la planta antirrectangular irregular de los módulos espaciales. Los patios interiores situados entre las alas del edificio y la luz que penetra por las ventanas de techos y paredes hacen que la vivencia del espacio sea aún más relajada. Los mosaicos romanos y las ventanas góticas, como las de la catedral de León, son los referentes históricos incluidos en la planta del edificio y en las vidrieras de colores de la fachada.

Ces architectes n'ont pas pour habitude de soumettre leurs projets à un concept rigide. Ils font du bâtiment un reflet symbolique du contexte social et historique de l'endroit. Le MUSAC, en tant que centre d'art contemporain, devait être un espace ouvert, versatile et vivant, et c'est bien ce qu'exprime le plan irrégulier et sans angles droits des modules spatiaux. Les cours intérieurs entre les ailes du bâtiment et la lumière qui pénètre par les fenêtres des toits et des murs donnent à l'espace une atmosphère encore plus détendue. Les mosaïques romaines et les fenêtres gothiques, comme celles de la cathédrale de León, sont les références historiques qui ont été utilisées pour le plan du bâtiment et les vitres colorées de la façade.

L'intento degli architetti non era di basare i propri progetti su una rigida concettualizzazione stilistica, quanto esplorare un luogo nel suo contesto socioculturale per raffigurarlo poi nella costruzione. Il MUSAC, in quanto centro di arte contemporanea, vuole essere aperto, utilizzabile a più livelli e dinamico; in questo viene favorito dalla pianta irregolare dei moduli spaziali "antirettangolari". I cortili interni, posti tra le ali del complesso, e l'illuminazione coordinata dalle finestre del tetto e delle pareti alleggeriscono ulteriormente la percezione degli spazi. Mosaici romani e finestre gotiche, come quelle della cattedrale di León, forniscono il modello storico sia per la pianta che per le vetrate colorate.

Jean Nouvel
Museo Nacional Centro de Arte Reina Sofia | 2005
Madrid, Spain

Das Bekenntnis zu starken Farben wagen in der zeitgenössischen Architektur noch wenige. Jean Nouvel hingegen hebt Farbe besonders hervor, beispielsweise indem er sie mit hochglänzenden Oberflächen aus Fiberglas verbindet. Er wählte für dieses Museum ein tiefes, königlich leuchtendes Rot. Drei neue Bauköper gruppieren sich asymmetrisch um einen Patio und bilden die Erweiterung der bisher in einem Zweckbau von 1788 untergebrachten Sammlung. Den Innenhof überdacht ein Baldachin, der ebenfalls in diesem tiefen Rot gehalten ist und der mächtig über das Gebäude auskragt. Die Perforationen und Durchfensterungen des Daches und der vertikalen Architektur veranschaulichen Nouvels Vorliebe für ein Spiel von Hell und Dunkel.

Very few contemporary architects use strong colours so daringly in their work. Jean Nouvel, on the other hand, gives colour a central role, for example combining it with gleaming fibreglass surfaces. For this museum, he chose an intense, regal red. Three new architectural spaces are grouped asymmetrically around a courtyard, extending the functional 1788 building which had housed the collection until then. The inner courtyard is covered by a baldachin of the same red, which stands out majestically. The ceiling's perforations and skylights and the windows of the vertical elements are evidence of Nouvel's predilection for the interplay of light and shade.

Son muy pocos los arquitectos contemporáneos que se atreven a emplear colores fuertes en sus obras. En cambio, Jean Nouvel otorga un papel muy relevante al color, por ejemplo combinándolo con superficies de fibra de vidrio relucientes. El color elegido para este museo fue un rojo intenso y regio. Tres nuevos cuerpos arquitectónicos se agrupan asimétricamente en torno a un patio, ampliando el funcional edificio de 1788 que hasta entonces albergaba la colección. El patio interior está cubierto por un baldaquín del mismo color rojo que sobresale majestuosamente del edificio. Las perforaciones y claraboyas del techo y los ventanales de los elementos verticales evidencian la predilección de Nouvel por el juego de luces y sombras.

Rares sont les architectes contemporains qui se risquent à utiliser des couleurs vives dans leurs œuvres. Mais Jean Nouvel fait jouer à la couleur un rôle très important, par exemple en la combinant avec des surfaces très brillantes en fibre de verre. Pour ce musée, il a choisi un rouge royal vif. Trois nouveaux corps de bâtiment sont regroupés asymétriquement autour d'un patio, et agrandissent le bâtiment fonctionnel de 1788 qui hébergeait la collection jusqu'alors. Le patio intérieur est recouvert d'un baldaquin du même rouge qui domine majestueusement l'édifice. Les perforations et les claires-voies du toit ainsi que les fenêtres des éléments verticaux illustrent la prédilection de Nouvel pour les jeux d'ombre et de lumière.

Sono pochissimi gli architetti contemporanei che hanno il coraggio d'impiegare colori forti nelle loro opere. Jean Nouvel, invece, concede al colore un ruolo molto importante, per esempio, al combinarlo con superfici di fibra di vetro lucide. Il colore prescelto per questo museo è stato un rosso intenso e sontuoso. Tre nuovi corpi architettonici si raggruppano in maniera asimmetrica intorno a un patio, ampliando l'edificio funzionale del 1788 che fino a ora ospitava la collezione. Il patio interno è coperto da un baldacchino che sovrasta maestoso l'edificio ed è dello stesso tono di rosso. Le aperture e i lucernari del soffitto, così come i finestroni degli elementi verticali evidenziano la predilezione di Nouvel per il gioco di luci e ombre.

Jean Nouvel
Museum of Modern Art at Leeum/
Samsung Museum of Art Foundation | 2004
Seoul, South-Korea

Jean Nouvel hat seinen Auftrag, eine spezielle Architektur zur Präsentation von Kunst zu schaffen, sehr wörtlich genommen und eine einzigartige Lösung gefunden. Der Gebäudekörper besteht aus lauter Schachteln, die jeweils als eine Art Schrein ein Kunstwerk aufnehmen. Dadurch entstehen nicht nur im Inneren fertige Vitrinen für die Exponate, sondern die Galerie ist auch sozusagen nach Außen gestülpt. Die Fassade zeigt, wo sich ein Kunstwerk befindet. Besucher des Museumsgeländes stellen sich manchmal zwischen diese Erker und werden so selbst ein Teil der Sammlung. Einmalig ist auch die neu entwickelte Stahlverkleidung mit ihrer besonderen Farbe und ihrer Oberflächenbeschaffenheit.

Jean Nouvel took his assignment to create a special architecture for presenting art very literally and came up with a unique solution. The body of the building is made up of several boxes, each of which acts as a kind of shrine housing a work of art. This not only results in ready-made vitrines for the museum pieces inside, but also veritably turns the gallery inside out. The facade reveals just where the artworks are located. Visitors to the museum complex sometimes pose between these bays, as if themselves becoming a part of the collection. Also unique here is the newly developed steel cladding with its unusual colour and surface qualities.

Jean Nouvel se tomó al pie de la letra el encargo de crear una arquitectura especial para la exhibición de arte e ideó una solución singular. El cuerpo del edificio está formado por cajas sonoras que encierran en su interior una obra de arte, como si se tratara de vitrinas. Así, los objetos expuestos en el interior de la galería trascienden también al exterior. La fachada muestra el lugar exacto donde se encuentra una obra arte. A veces, los visitantes del complejo de museos se colocan entre estos balcones en saledizo y se convierten a su vez en parte de la colección. Otra peculiaridad la constituye el revestimiento de acero de nueva concepción, de un color y una textura superficial inusuales.

Jean Nouvel a pris sa commande au pied de la lettre. Il devait créer une architecture consacrée à l'exposition d'œuvres d'art, et il a imaginé une solution singulière. Le corps du bâtiment est formé de caissons qui renferment chacun une œuvre d'art, comme s'il s'agissait de vitrines. Les objets exposés à l'intérieur de la galerie s'approprient ainsi l'extérieur du musée. La façade montre à quel endroit exactement se trouvent les œuvres d'art. Parfois, les visiteurs du musée se postent entre ces balcons saillants et se transforment à leur tour en objets de la collection. L'innovant revêtement d'acier est une autre particularité du bâtiment. Sa couleur et sa texture sont inhabituelles.

Jean Nouvel ha preso alla lettera l'incarico di creare un'architettura speciale per presentare l'arte e con questo progetto ha proposto una soluzione singolare. Il corpo principale dell'edificio consiste di tante scatole, ciacuna delle quali, a mo' di scrigno, custodisce un'opera d'arte. Con questa tecnica non solo si sono ottenute negli interni vetrine per i pezzi esposti, ma la galleria è per così dire rivolta verso l'esterno, in modo tale che la facciata mette in mostra la collocazione delle opere. I visitatori del museo che vengono a trovarsi in queste *bow-window* diventano involontariamente parte della collezione stessa. Unico anche l'innovativo rivestimento in acciaio, particolare sia nel colore che nella natura della superficie.

Ortner & Ortner
Museumsquartier | 2001
Wien, Austria

Andere Städte haben Museumsinseln, Museumsmeilen oder Museumsufer. Wien hat ein Museumsquartier mitten im historischen Stadtkern zwischen der Hofburg und dem alten Kunsthistorischen Museum. Drei Neubauten konnten hier realisiert werden, alle durch ein Architektenteam. Die neue Kunsthalle, das Leopold-Museum und das MUMOK sind jedoch radikal individuell gestaltet. Besonders virtuos wurde die Auswahl der Baustoffe gehandhabt. Sie entstammen der architektonischen Feinschmeckerliste: weißer Muschelkalk, patiniertes Messing, anthrazitfarbene Basaltlava, Gusseisen und Terrazzo.

Other cities have museum islands, museum miles or museum waterfronts. Vienna has a Museum Quarter, right in the historic city centre between the Hofburg and the old Kunsthistorisches Museum. Three new structures have been erected here, all by the same team of architects. The new Kunsthalle, the Leopold Museum and the MUMOK each have a radically different look. The choice of materials was handled with particular virtuosity; they were all taken from the menu of architectonic delicacies: white shell limestone, patinated brass, coal-coloured basalt, cast iron and terrazzo.

Otras ciudades cuentan con islas, millas o riberas de museos. Viena dispone de un barrio de museos en pleno núcleo histórico, entre el Hofburg, el antiguo palacio imperial, y el ya existente Kunsthistorisches Museum. El proyecto supuso la construcción de tres nuevos edificios por parte del mismo equipo de arquitectos. No obstante, la nueva Kunsthalle, el Leopold-Museum y el MUMOK son radicalmente distintos entre sí, cada uno de ellos tiene su propia personalidad. La elección de los materiales resulta particularmente acertada; figuran entre los más selectos de la arquitectura: cal blanca de conchas, latón patinado, lava basáltica de color antracita, hierro fundido y terrazo.

D'autres villes ont des îles, des rues ou des rives consacrées aux musées. Vienne a tout un quartier de musées en plein centre historique, entre le Hofburg, l'ancien palais impérial, et le vénérable Kunsthistorisches Museum. Pour ce projet, la même équipe d'architectes a construit trois nouveaux bâtiments. Mais la nouvelle Kunsthalle, le Leopold-Museum et le MUMOK n'ont rien à voir les uns avec les autres, chacun a sa propre personnalité. Le choix des matériaux, parmi ce qu'il y a de mieux en architecture, est particulièrement judicieux : calcaire conchylien blanc, laiton patiné, lave basaltique anthracite, fonte et terrazo.

Ci sono città che hanno isole, quartieri o lungofiume dedicati esclusivamente ai musei. Vienna ha invece un vero e proprio distretto dei musei nel cuore della città, tra la Hofburg e il Kunsthistorisches Museum. Qui sono stati eretti tre nuovi edifici, tutti ad opera dello stesso team di architetti: la Kunsthalle, il Leopold Museum e il MUMOK. Ogni costruzione è stata tuttavia realizzata in maniera radicalmente individuale. Per la scelta dei materiali di costruzione si è attinto con maestria dalla lista del buongusto architettonico: calcare conchilifero bianco, ottone patinato, lava di basalto color antracite, ghisa e materiali vari per terrazzo.

Cesar Pelli & Associates
National Museum of Art | 2004
Osaka, Japan

Der Bau dieses Museums war eine extreme stadtplanerische Herausforderung. Auf Wunsch der japanischen Regierung sollte das Nationalmuseum aus einem Außenbezirk wieder in die Stadt geholt werden, in das neu entstehende Kulturzentrum auf der Kakano-Insel. Der dort vorhandene Raum war einerseits nicht ausreichend für einen großflächigen Bau. Andererseits sollte die Architektur an dieser Stelle ein neues Wahrzeichen erschaffen. Pellis Lösung war das sich unterirdisch auf drei Ebenen erstreckende Raumvolumen. Dessen Belichtung wurde durch das riesige Stahl-Glas-Dach, welches sich auf Straßenniveau befindet, erreicht. Wie ein Schmetterling, der sich aus der Puppe entwickelt, erhebt sich darüber eine 170 Meter hohe Skulptur; organisch verbunden mit der Architektur durch die Gemeinsamkeit des Materials (titanummantelter Stahl) und die lineare Fortsetzung der Trägerkonstruktion.

The construction of this museum represented an intriguing urban planning challenge. At the behest of the Japanese government, the National Museum was to be brought back from an outlying district and into the city, to the newly established cultural centre on Kakano Island. However, the available space was not adequate for a sprawling building. Moreover, the architecture on this site was expected to create a new city landmark. Pelli's solution was to locate the exhibition space on three underground levels. The galleries receive light through a huge steel and glass roof located at street level. Like a butterfly emerging from its cocoon, a 170-metre-high sculpture soars above, organically tied to the architecture by the use of a common material (titanium-sheathed steel) and the linear continuation of the support structure.

La construcción de este museo supuso un extraordinario desafío urbanístico. Por deseo expreso del gobierno japonés, el museo nacional debía ser trasladado de nuevo de un barrio periférico al corazón de la ciudad, al centro cultural de nueva creación de la isla de Kakano. Por una parte, el espacio disponible no era suficiente para una construcción de grandes dimensiones y, por otra, la arquitectura del edificio tenía que convertirse en un nuevo emblema de la ciudad. En respuesta a esas exigencias, Pelli ideó un espacio distribuido en tres niveles subterráneos. La iluminación proviene del gigantesco tejado de acero y vidrio situado a nivel de calle. Sobre él se eleva, a modo de mariposa que emerge del capullo, una escultura de 170 metros de alto, vinculada orgánicamente a la arquitectura a través de la coincidencia de materiales (acero recubierto de titanio) y de la prolongación lineal de la viguería.

La construction de ce musée a été un extraordinaire défi d'urbanisme. Sur demande expresse du gouvernement japonais, le musée national qui se trouvait dans un quartier périphérique devait être ramené dans le cœur de la ville, au centre culturel qui avait été créé récemment sur l'île de Kakano. D'une part, l'espace disponible ne suffisait pas pour un bâtiment de ces dimensions et, d'autre part, l'architecture du bâtiment devait se convertir en un nouvel emblème de la ville. En réponse à ces exigences, Pelli a imaginé un espace distribué sur trois niveaux souterrains. L'éclairage provient du gigantesque toit en acier et en verre situé au niveau de la rue. Une sculpture de 170 mètres de hauteur s'élève sur ce toit, comme un papillon se dégageant de son cocon. La coïncidence des matériaux (acier recouvert de titane) et la prolongation linéaire des poutres lui donnent un lien organique avec l'architecture.

Dal punto di vista della pianificazione urbanistica, la costruzione di questo museo è stata una sfida notevole. Su volere del parlamento giapponese, il National Museum of Art, fino ad allora sito in periferia, doveva essere riportato entro i confini cittadini e collocato nel centro culturale, ancora in fase di costruzione, sull'isola di Kakano. Per quanto la superficie a disposizione non fosse sufficiente ad una costruzione di vaste dimensioni, la struttura architettonica doveva dar vita a un nuovo emblema. La soluzione di Pelli consiste in un complesso articolato su tre livelli sotterranei. L'illuminazione è stata realizzata tramite l'enorme copertura in acciaio e vetro, che si trova a livello stradale. Da essa si innalza una scultura di 170 metri, quasi a simboleggiare una farfalla che si solleva dalla crisalide, collegata organicamente al resto grazie alla comunanza del materiale (acciaio rivestito in titanio) e al proseguimento lineare della travatura.

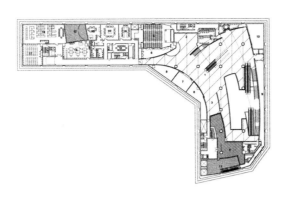

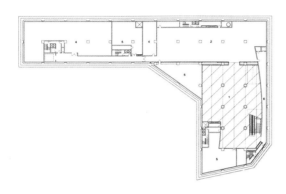

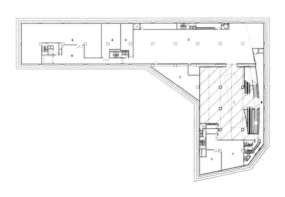

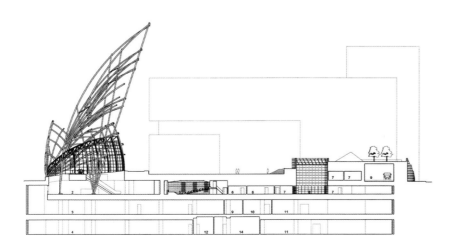

Renzo Piano Building Workshop
Zentrum Paul Klee | 2005
Bern, Switzerland

Entsprechend dem Wunsch der Stifter und Erben, die diese Neugründung ermöglichten, ist das Zentrum nicht nur Museum und Ausstellungshalle, sondern ebenso Studien- und Veranstaltungsort. Piano organisierte diese verschiedenen Funktionen unter einem sich sanft in drei Wellen biegenden Dach. Diese Form wurde gewählt, um den Bau in die umgebende hügelige Voralpenlandschaft einzubeziehen. Das Haus ist, quer zu einem Hang liegend, in diesen eingebettet. Für die sehr empfindlichen Werke Klees war eine spezielle Belichtung der Innenräume notwendig, die durch Wandschirme aus durchscheinendem Material im Ausstellungsbereich erzielt wurde.

Corresponding with the wishes of the donors and heirs whose funding made its establishment possible, the centre is not only a museum and exhibition hall, but also a research and event venue. Piano organized these diverse functions under a roof that undulates gracefully into three waves. This form was chosen to echo the backdrop of Alpine foothills. The building is set perpendicular to a hill, in which it is embedded. A special kind of interior lighting was called for to bring out the best in Klee's very sensitive works, which was achieved through translucent wall screens in the exhibition area.

En cumplimiento del deseo de los donantes y herederos que hicieron posible esta nueva fundación, además de museo y sala de exposiciones, es también un centro de estudios y de actividades. Piano reunió estas variadas funciones bajo un techo doblegado con suavidad en tres ondas. Eligió esta forma para que el edificio estuviera en armonía con el montañoso paisaje prealpino que lo envuelve. Así, con una colina como fondo, el museo encaja a la perfección en el paisaje. Los delicadísimos cuadros de Klee exigían una iluminación especial de las salas interiores; este problema se resolvió mediante paneles de material transparente en la zona de exposición.

Conformément au souhait des donateurs et des héritiers qui ont permis l'existence de cette nouvelle fondation, en plus d'être un musée et une salle d'exposition, c'est également un centre d'études et d'activités. Piano a réuni ces différentes fonctions sous un toit qui ondule doucement en trois vagues. Il a choisi cette forme pour intégrer le bâtiment au paysage préalpin vallonné qui l'entoure. Le musée, en biais avec une colline comme fond, cadre parfaitement avec le paysage. Dans les salles intérieures, les tableaux tout en délicatesse de Klee exigeaient un éclairage spécial. Des panneaux en matière transparente dans la zone d'exposition ont résolu ce problème.

Così come voluto dai committenti ed eredi che hanno permesso questa fondazione, il Paul Klee Zentrum non è solo museo e spazio espositivo, ma anche luogo di studio e di eventi. Piano ha raggruppato tutte queste funzioni sotto una copertura che si dispiega sinuosamente in tre ondulazioni. La forma è stata scelta per far sì che la struttura si inserisca nel paesaggio collinare prealpino: la costruzione giace infatti trasversalmente alla collina in cui è incassata. Per le delicate opere di Klee è stata necessaria un'illuminazione particolare, ottenuta tramite la collocazione di paraventi in materiale trasparente negli spazi espositivi.

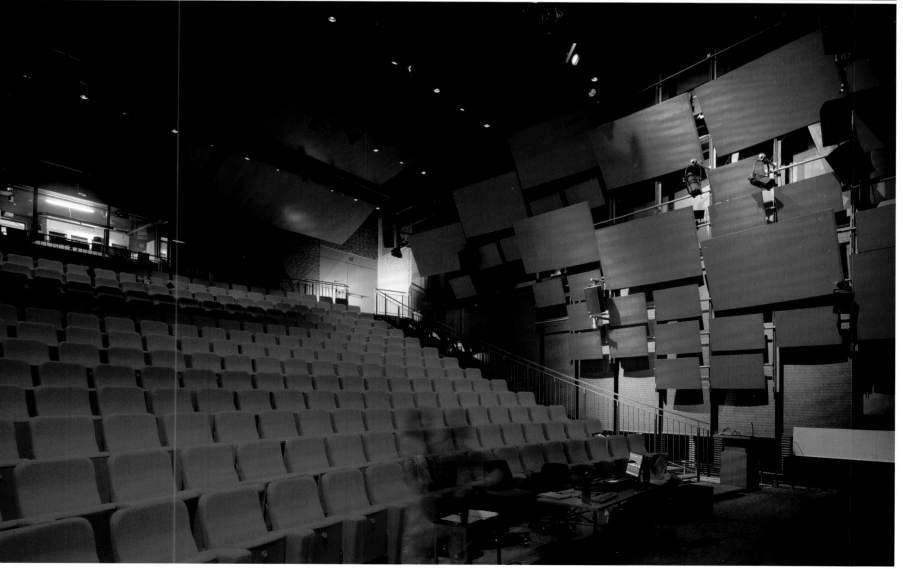

Álvaro Siza
Museu Serralves | 2000
Porto, Portugal

Álvaro Siza hat nicht nur die Landschaftsarchitektur des großen historischen Serralves Parkes neu geschaffen, sondern das Museum selbst in die Geografie eingebettet. Das Gelände ist hügelig. Man betritt die Architektur an der höchsten Stelle des Parkes. Der Bau erstreckt sich dann in einer langen Achse bis zu einem zentralen Raum, auf den alle Wege des Hauses und des Gartens zulaufen. Alle Mauern enden oben auf gleicher Ebene, während sie auf Bodenniveau dem Relief des Terrains folgen und dabei einer Höhendifferenz von ca. 9 Metern.

Álvaro Siza not only redesigned the landscape architecture of the large and historical Serralves Park, he also embedded the museum itself into the park's hilly geography. The visitor enters the building at the park's highest point. The structure then extends along a longitudinal axis toward a central space at which all of the corridors in the building and all of the garden paths converge. All of the museum's walls extend upward to end at the same level, while at ground level they follow the relief of the terrain, resulting in height differences of up to 9 metres.

Álvaro Siza no se ha limitado a recrear la arquitectura paisajística del histórico parque Serralves sino que ha asimilado el museo con su entorno, de terreno accidentado. El acceso al conjunto arquitectónico está situado en el punto más elevado del parque. A partir de ahí, el complejo se extiende sobre un largo eje hasta el espacio central, donde confluyen todos los caminos del edificio y el jardín. Las paredes terminan en el mismo plano en su parte superior, mientras que a ras de suelo siguen el relieve del terreno, por lo que presentan una diferencia de altura de alrededor de 9 metros.

Álvaro Siza ne s'est pas contenté de recréer l'architecture paysagiste du parc historique de Serralves, il a intégré le musée à son environnement, un terrain accidenté. L'entrée du complexe se trouve au point le plus élevé du parc. À partir de là, le complexe s'étend sur un grand axe jusqu'à l'espace central, où confluent tous les chemins du bâtiment et du jardin. La partie supérieure de tous les murs se termine dans le même plan, alors qu'au ras du sol chaque mur suit le relief du terrain, ce donne des différences de hauteur de jusqu'à 9 mètres.

Oltre ad aver ridefinito lo stile architettonico del grande parco storico di Serralves, Álvaro Siza ha anche inserito il museo nel paesaggio collinare. Si entra nella struttura dal punto più alto del parco, e da qui l'edificio si estende per un lungo asse fino a un punto centrale in cui convergono tutti i sentieri del giardino e i corridoi dell'edificio. I muri terminano in alto allo stesso livello, mentre in basso seguono i rilievi del suolo fino a raggiungere anche un dislivello di 9 metri.

Álvaro Siza + Eduardo Souto de Moura

Serpentine Gallery Pavilion | 2005
London, Great Britain

In der Zusammenarbeit der beiden portugiesischen Architekten ist dieses der dritte Pavillonbau. Sie realisierten bereits auf der Expo 1998 und 2000 den jeweiligen architektonischen Beitrag ihres Landes. Wem vorwiegend die weiß verputzten Bauten von Siza bekannt sind, der ist überrascht vom Design für die Serpentine. Andererseits ist für ein mobiles Gebäude wie dieses eine Konstruktion aus gezapften Modulen ideal. Sie bilden ein Balkenraster, aus dem Wand und Gewölbe in einem Stück geformt werden können. Das Material ist schichtverleimte finnische Fichte und mattes Polykarbonat als Verkleidung.

This is the third pavilion to stem from the collaboration of these two Portuguese architects, who were already in charge of their country's architectural contributions to Expos 1998 and 2000. For those who are familiar with Siza's usual white stucco structures, the design of the Serpentine might come as a surprise. On the other hand, for a mobile building such as this one, a construction composed of interlocking modules is ideal. These modules form a grid out of which walls and ceiling vault can be formed from one continuous piece. The materials used are Finnish spruce veneers glued together in layers to form continuous strips and infilled with matte polycarbonate panels.

El tercer pabellón temporal de la Serpentine Gallery es producto de la colaboración de estos dos arquitectos portugueses. En las Exposiciones Universales de 1998 y 2000 ya aportaron la correspondiente contribución arquitectónica de su país. El que esté acostumbrado a los edificios revocados de blanco de Siza Vieira se llevará una sorpresa ante el diseño concebido para la Serpentine. Por lo demás, una construcción de módulos conoidales resulta ideal para una instalación móvil como ésta. Los módulos forman una trama de vigas que permite configurar la pared y la bóveda en una sola pieza. Los materiales empleados son abeto finés contrachapeado y policarbonato mate como revestimiento.

Voici le troisième pavillon temporaire né de la collaboration de ces deux architectes portugais pour la Serpentine Gallery. Ce sont déjà eux qui, pour les Expositions universelles de 1998 et 2000, s'étaient chargés de la contribution de leur pays dans le domaine de l'architecture. Ceux qui sont habitués aux bâtiments recouverts de blanc de Siza Vieira seront surpris par le projet conçu pour la Serpentine. Par ailleurs, les modules conoïdes sont une structure idéale pour une installation mobile comme celle-ci. Les modules sont constitués d'une trame de poutres qui donne forme aux murs et à la voûte d'une seule pièce. Les matériaux employés sont du sapin finnois contreplaqué revêtu de polycarbonate mat.

Questo è il terzo padiglione che nasce dalla collaborazione dei due architetti portoghesi, avendo già realizzato insieme il contributo architettonico del loro paese per l'Expo 1998 e 2000. Chi ha in mente gli edifici di Siza intonacati in bianco rimane stupito dal design scelto per la Serpentine Gallery. D'altra parte, la costruzione a moduli è ideale per una struttura mobile come questa. Essa è costituita da un reticolo di travi da cui prendono forma in un unico blocco sia le pareti che la volta. I materiali usati sono abete finlandese lamellare a strati e policarbonato opaco come rivestimento.

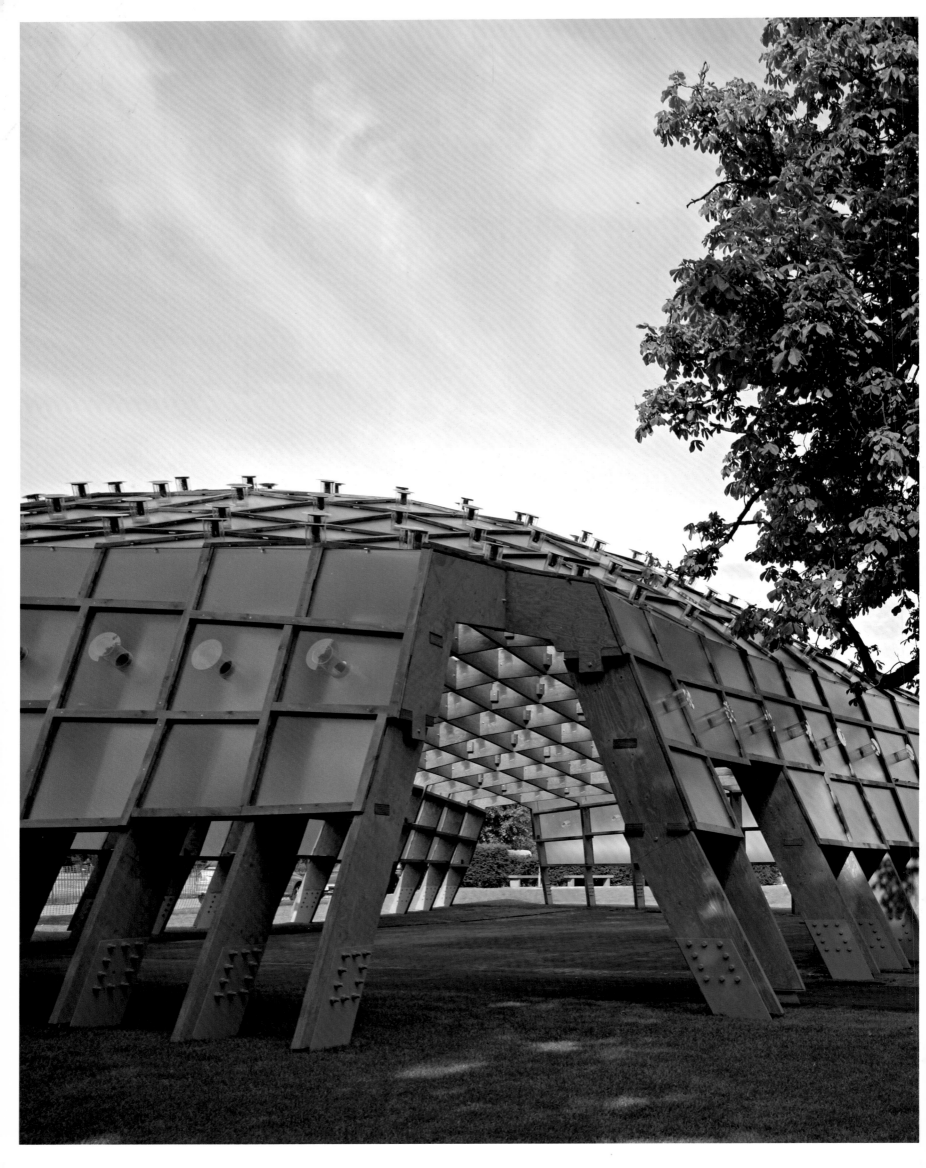

Taniguchi and Associates

MoMA Extension | 2005
New York/NY USA

Das Museum of Modern Art New York ist eines der berühmtesten Kunstmuseen der Welt. Es hatte innerhalb von ca. 50 Jahren bereits zwei große Um- und Anbauten erfahren. Die neue Maßnahme sollte einen Durchbruch in der eigenen Architekturgeschichte sein, Alt und Neu in einer lebendigen Synthese verbinden. Das Ergebnis erscheint so klar und harmonisch, dass man vergessen könnte, welche komplizierte Aufgabe dahinter steckte. Außen sind die Veränderungen behutsam und integrieren die Fassaden der drei Vorgänger- bauten sowie den berühmten Skulpturengarten. Der große räumliche Fortschritt wurde nicht nur durch den Neubau des sechs- geschossigen David-and-Peggy-Rockefeller-Baus erzielt, sondern durch eine vollständige Neustrukturierung des Inneren. Dort wurden nicht nur ca. 3.500 qm Ausstellungsfläche hinzugewonnen, sondern ein neuer Eindruck von Weite, Großzügigkeit und Ruhe geschaffen.

The Museum of Modern Art in New York is undoubtedly one of the most famous art museums in the world. In the course of its 50 years, it has already witnessed two major reconstruction projects. The latest undertaking was intended to be a breakthrough in the museum's own architectural history, fusing old and new in a living synthesis. The result appears so clear and harmonious that it is easy to forget what a complicated task the architect had to master. Outside, the changes are subtle, serving to integrate the facades of the three pre- vious structures along with the sculpture garden. Inside, great spatial gains were achieved not only by the reconstruction of the six- storey David and Peggy Rockefeller Building, but also by means of a complete restructuring of the interior. Some 3,500 m² of exhibition space was added in the form of a soaring interior that gives an impression of expansiveness and tranquillity.

El Museo de Arte Moderno de Nueva York es una de las colecciones de arte más famosas del mundo. En los últimos 50 años ya había experimentado dos grandes remodelaciones y ampliaciones. La nueva modificación pretende romper con la propia historia arquitec- tónica y combinar pasado y presente en una síntesis vital. El resultado es tan diáfano y armonioso que tiende a hacer olvidar la titánica tarea que se oculta detrás. Los cambios en el exterior, cautos, integran las fachadas de los tres edificios precedentes así como el céle- bre parque de esculturas. La enorme ampliación del espacio es producto tanto de la construcción del nuevo edificio de seis plantas David-and-Peggy-Rockefeller como de la total reestructuración del interior, donde se ha conseguido ampliar la superficie de exposición en unos 3500 m² y crear una nueva sensación de amplitud, munificencia y paz.

Le Musée d'art moderne de New York est l'un des musées d'art les plus connus au monde. Dans les 50 dernières années, il a déjà connu deux grands chantiers d'agrandissement et de transformation. La nouvelle modification veut rompre avec l'histoire architectu- rale du musée et combiner le passé et le présent en une synthèse vivante. Le résultat est si aérien et harmonieux qu'il tend à faire oublier le travail de titan qui se cache derrière. Les transformations extérieures, prudentes, intègrent les façades des trois bâtiments précédents ainsi que le célèbre jardin de sculptures. L'énorme quantité d'espace supplémentaire est le résultat de la construction du nouveau bâtiment de six étages David-and-Peggy-Rockefeller et de la restructuration totale de l'intérieur, où l'on a réussi à augmenter la surface d'exposition de 3 500 m² et à créer une nouvelle sensation d'amplitude, de magnificence et de paix.

Il Museum of Modern Art di New York è uno dei musei d'arte più famosi al mondo. Nell'arco di un cinquantennio è già stato sottoposto a due ricostruzioni e ampliamenti su vasta scala. Il nuovo provvedimento voleva aprire una breccia nella storia dell'architettura dell'e- dificio, nell'unire il vecchio e il nuovo in una sintesi dinamica. Il risultato è così chiaro e armonico da far quasi dimenticare la com- plessità dell'impresa. All'esterno i cambiamenti sono cauti e integrano sia le facciate dei tre edifici preesistenti che il famoso giardino di sculture. Quanto agli spazi, il miglioramento più notevole è stato conseguito non solo con la costruzione dell'edificio a sei piani che ospita la collezione "David and Peggy Rockefeller", ma anche grazie a una completa ristrutturazione degli interni. Ampliando la super- ficie espositiva di 3.500 m², è stato ottenuto un nuovo effetto di estensione, grandezza e calma.

MoMA
Design and
Book Store

MoMA
The Museum of Modern Art

JPMorganCha e

Welcome
Bienvenue
Willkommen

MoMA
The Museu

Thomas van den Valentyn + Seyed Mohammad Oreyzi

Max Ernst Museum | 2005
Brühl, Germany

Brühl, eine kleine Residenzstadt, ist der Geburtsort von Max Ernst. Das neue Museum ist aber keine Gedenkstätte, sondern eine vollwertige Kunstsammlung mit lückenlosem Werküberblick und sie wurde in einem großzügigen, modern ausgestatteten Haus eröffnet. Die Seitenflügel eines klassizistischen Hofgebäudes verbindet nun ein neuer gläserner Mitteltrakt. Damit entstand ein in sich geschlossener Komplex mit 1.500 qm Ausstellungsfläche, der durch vollkommene Proportionen und eine sehr helle, elegante Ausstrahlung besticht.

Brühl, a small former residence town, was also the birthplace of Max Ernst. The new museum is not a memorial, however, but rather a full-fledged art collection affording a seamless overview of the artist's oeuvre and housed in a generously proportioned structure with modern interiors. A new central glass section now joins the side wings of a classic court building. With this addition, the whole becomes a self-contained complex housing 1,500 m^2 of elegantly proportioned exhibition space which captivates the visitor with its light and airy feel.

Brühl, una pequeña ciudad residencial, es el lugar de nacimiento de Max Ernst. El nuevo museo no constituye un memorial sino que presenta una colección de arte de gran calidad que repasa con plenitud toda su obra y está alojada en un edificio de grandes dimensiones dotado de los equipamientos más modernos. Las alas laterales de un patio interior neoclásico se unen a través de un tramo central acristalado de nueva construcción. Así surgió un complejo unitario, con una superficie de exposición de 1500 m^2, que cautiva por la perfección de sus proporciones y por su atmósfera, muy luminosa y elegante.

Le lieu de naissance de Max Ernst est Brühl, une petite ville résidentielle. Mais le nouveau musée n'est pas un lieu commémoratif. Il présente une collection d'art de grande qualité qui représente un parcours complet de toute son œuvre et est logée dans un grand bâtiment doté des équipements les plus modernes. Les ailes latérales de la cour intérieure néoclassique sont reliées par un nouveau bâtiment central en verre. C'est ainsi qu'a surgi un complexe homogène, avec une surface d'exposition de 1 500 m^2, qui captive par la perfection de ses proportions et par son atmosphère lumineuse et élégante.

Brühl, piccola città di provincia, ha dato i natali a Max Ernst. Il nuovo museo non è però semplicemente un monumento commemorativo, bensì una raccolta pregiata delle sue opere, presentata con uno sguardo d'insieme esaustivo in una sede grandiosa e moderna. Le ali laterali dell'edificio di corte in stile neoclassico sono oggi collegate da un tratto intermedio in vetro. In questo modo si è ottenuto un complesso armonico, con una superficie di 1.500 m^2, che colpisce per le proporzioni perfette e l'aura di luminosità ed eleganza.

Weber + Hofer
Lentos Kunstmuseum | 2003
Linz, Austria

Auch Besucher die das Museum nicht betreten, nehmen eine Vielzahl optischer Sensationen alleine durch dessen äußere Erscheinung mit. Der Bau ist eine Hommage an seinen Standort. Ein 130 Meter langer Kubus erstreckt sich direkt am Donauufer. Seine Glashaut spiegelt das Wasser sowie haltende Schiffe. An der Längsseite gibt ein 60 Meter langer stützenfreier Durchbruch den Blick auf die Stadt frei, wie ein riesiger Bilderrahmen. Oberflächenbild und Tiefenschärfe liegen hier also unmittelbar nebeneinander. Auf die Glaswand des Gebäudes ist „Lentos", der keltische Name für Linz, gedruckt, welcher „an der Flussbiegung" bedeutet. Die Buchstaben bestehen aus Spiegelfolie und lassen den Betrachter einen weiteren Vexierbildeffekt erleben.

Even visitors who never enter this museum can enjoy a variety of optical sensations based on its outward appearance alone. The building was conceived to pay homage to its location, the city of Linz. A 130-metre-long block extends along the banks of the Danube, its glass skin reflecting both the water and docking ships. A 60-metre-wide unsupported gap has been cut out of the longitudinal side to afford a view of the city, acting as a gigantic picture frame. Surface close-ups and deep focus are thus brought side by side. Inscribed on the glass facade of the museum is the word "Lentos", the Celtic name for Linz, which means "at the bend of the river". The letters are made of reflective foil, intriguing viewers with yet another picture-puzzle effect.

Incluso sin acceder al interior del museo se experimenta un sinfín de sensaciones ópticas únicamente a partir de su apariencia exterior. La obra es un homenaje a su emplazamiento. Un cubo de 130 metros de longitud se extiende a orillas del Danubio. El exterior acristalado se refleja en el agua como los barcos que surcan el río. Una brecha de 60 metros abierta sin soportes en el costado brinda una panorámica de la ciudad, como si se tratara de un marco gigantesco. Así pues, imagen superficial y profundidad de campo van aquí cogidas de la mano. Sobre la pared de vidrio del edificio figura el nombre celta de Linz, «Lentos», que significa «en el meandro del río». Las letras de espejo brindan a quienes las contemplan un nuevo efecto de imagen misteriosa.

Avant même d'entrer dans le musée, sa seule apparence extérieure fait expérimenter au visiteur une multitude de sensations optiques. L'œuvre est un hommage à son emplacement. Un cube de 130 mètres de long s'étend sur la rive du Danube. L'extérieur vitré se reflète dans l'eau, comme les bateaux qui sillonnent le fleuve. Une ouverture de 60 mètres sans piliers dans le flanc donne une vue panoramique de la ville, comme s'il l'on regardait un gigantesque tableau encadré. L'image superficielle et la profondeur de champ vont ainsi main dans la main. Sur le mur de verre du bâtiment figure le nom celte de Linz, « Lentos », qui signifie « dans le méandre du fleuve ». Les lettres miroir renvoient une image énigmatique à qui les contemple.

Grazie al suo aspetto esteriore, anche i visitatori che non vi entrano vengono colti da una varietà di impressioni ottiche. Edificato direttamente sulle sponde del Danubio in omaggio al luogo in cui si trova, l'edificio è un cubo della lunghezza di 130 metri. Il suo rivestimento in vetro rispecchia l'acqua e le imbarcazioni che lì ormeggiano. Sul lato più lungo si estende un'apertura di 60 metri priva di sostegni che, come un'enorme cornice, offre una vista panoramica sulla città. L'immagine di superficie e la profondità di campo sperimentano qui un rapporto diretto. Sulla parete in vetro è stato inscritto "Lentos", il nome celtico di Linz che significa "lungo l'ansa del fiume": anche le lettere in lamine speculari dell'iscrizione sottopongono il visitatore che le osserva ad un ulteriore effetto enigmatico.

Weiss / Manfredi
Museum of the Earth | 2004
Ithaca / NY USA

Die Anlage erstreckt sich in zwei parallel zueinander liegenden Flügeln, in denen unterschiedliche Aktivitäten des Museums realisiert werden. Verbunden werden sie durch eine Galerie, in welcher Lernmedien zur Verfügung stehen. Die Klarheit und Offenheit des Komplexes ist einerseits auf zukünftige Erweiterungen gerichtet und soll andererseits möglichst viel freie Wahrnehmung der umgebenden Landschaft ermöglichen. Über eine in weiten, flachen Ebenen abgetreppte Plaza betritt man das Museumsgelände, wo sich gleichzeitig der Blick in die Ferne zum Cayuga Lake öffnet. Das Areal mit seinen vorhandenen geologischen Strukturen und einem Wasserlauf wurde skulptural gestaltet. Weiss / Manfredi sind im Bereich der Landschaftsarchitektur renommierte Designer.

This complex is composed of two parallel wings, in each of which different museum activities take place. These are connected by a gallery housing media available for interactive study. The clarity and openness of the complex is designed to allow for future extensions, while at the same time freeing up vistas onto the surrounding landscape. Visitors approach the museum via a broad plaza divided into various shallow levels, with a view of Cayuga Lake opening up in the distance. Weiss / Manfredi, who are famous for their contributions to landscape architecture, took a sculptural approach to designing the grounds, working with the existing geological structures and the stream running through the land.

El recinto del museo ocupa dos alas paralelas destinadas a diversas actividades. Ambas están unidas a través de una galería que cuenta con los medios necesarios para el estudio interactivo. La claridad y la sencillez del complejo responden, por un parte, a la posibilidad de futuras ampliaciones y, por otra, al deseo de facilitar un contacto lo más directo posible con el paisaje circundante. La entrada al recinto se efectúa a través de una plaza amplia y escalonada que brinda una vasta panorámica del lago Cayuga. Esta zona, con sus estructuras geológicas y su curso de agua, se diseñó de acuerdo con criterios escultóricos. Weiss / Manfredi gozan de merecida fama en el campo de la arquitectura paisajística.

Le musée occupe deux ailes parallèles destinées à différentes activités. Elles sont unies par une galerie qui propose des outils d'étude interactifs. La clarté et la simplicité du complexe permettent de futurs agrandissements et répondent au désir de faciliter un contact aussi direct que possible avec le paysage alentour. On y entre par une vaste place en escalier qui donne une vue panoramique sur le lac Cayuga. Cette zone, avec ses structures géologiques et son cours d'eau, a été dessinée selon des critères proches de la sculpture. Weiss / Manfredi jouissent d'une grande renommée dans le domaine de l'architecture paysagiste.

Il complesso si allunga su due ali parallele che ospitano le diverse attività del museo. Nella galleria che le collega sono messi a disposizione diversi media per ricerche interattive. Se da una parte la linearità e l'apertura della struttura sono state predisposte per eventuali ampliamenti futuri, dall'altra sono state pensate anche per permettere una percezione del paesaggio circostante più libera possibile. Si accede al museo attraverso una "plaza" costruita su più livelli piani, disposti a scala, da cui lo sguardo spazia in lontananza verso il Cayuga Lake. L'area del complesso, con le sue strutture geologiche preesistenti e il corso d'acqua, è stata articolata in maniera scultorea. Nell'ambito dell'architettura paesaggistica Weiss / Manfredi sono designer molto rinomati.

René van Zuuk
ARCAM | 2003
Amsterdam, Netherlands

René van Zuuk hat seine Architekturauffassung selbst als Romantic High-Tech charakterisiert. Die Synthese aus ausgefeilter Bautechnologie und poetischer Form weist auch das ARchitecture Centre AMsterdam auf . Die „KalZip-Skin", eine Oberfläche aus verzinkten Aluminiumstreifen, ist ideal, um gekurvte Blob-Formen zu modellieren. Die Aussenansichten der in sich gedrehten Architektur gehen fließend ineinander über. Die komplizierten Bauvorgaben auf unregelmäßigem Grundriss, darunter die Verpflichtung einen früheren Bau von Renzo Piano einzubeziehen, sieht man der spielerischen Lösung van Zuuks nicht an.

René van Zuuk has characterized his approach to architecture as Romantic High-Tech. The synthesis of sophisticated building technology and poetic form can also be seen in the ARchitecture Centre AMsterdam. The "KalZip Skin", a surface made of zinc-clad aluminium strips, is ideal for modelling curvy, blob-like shapes. The exterior views of the structure, which curves in on itself, flow seamlessly into one another. Van Zuuk's playful solution gives no hint of the complicated building specifications he faced, based on an irregular ground plan, along with the necessity of incorporating an earlier building designed by Renzo Piano.

René van Zuuk ha definido su propia concepción arquitectónica como alta tecnología romántica. El ARchitecture Centre AMsterdam constituye un buen ejemplo de esta síntesis de sofisticada tecnología constructiva y forma poética. La «KalZip-Skin», una superficie de tiras de aluminio galvanizado, es ideal para modelar formas «Blob» curvas. El aspecto exterior de la sinuosa arquitectura transmite una sensación de fluidez. La ingeniosa solución de Van Zuuks no revela los complicados proyectos de construcción sobre planta irregular, que debían respetar una obra anterior de Renzo Piano.

René van Zuuk a lui-même défini sa conception de l'architecture comme étant de la haute technologie romantique. L'ARchitecture Centre AMsterdam est un bon exemple de cette synthèse de technologie sophistiquée et de forme poétique. La « KalZip-Skin », une surface de bandes d'aluminium galvanisé, est idéale pour modeler des formes « blob » ondoyantes. L'aspect extérieur de l'architecture sinueuse transmet une sensation de fluidité. L'ingénieuse solution de Van Zuuks ne laisse pas deviner la complexité des projets de construction sur plan irrégulier, qui devaient respecter une œuvre antérieure de Renzo Piano.

René van Zuuk ha definito la sua concezione di architettura come romantic High-Tech. L'ARchitecture Centre AMsterdam è un'ulteriore dimostrazione della sintesi fra rifinita tecnologia edilizia e forma poetica. La "KalZip-Skin", una superficie costituita da modanature di alluminio zincate, è ideale per modellare forme blob curvate che conferiscono alla dinamica esterna della struttura, ripiegata su se stessa, un'incontrastata fluidità. La soluzione ludica di van Zuuk non lascia assolutamente trapelare la complessità di norme edilizie su pianta irregolare e l'obbligo di inglobare un edificio già esistente ad opera di Renzo Piano.

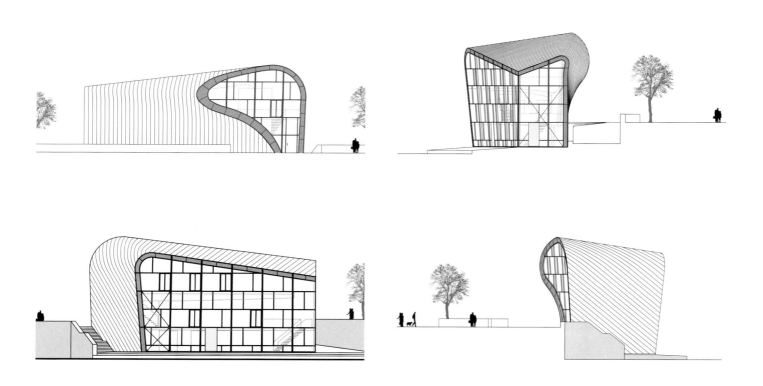

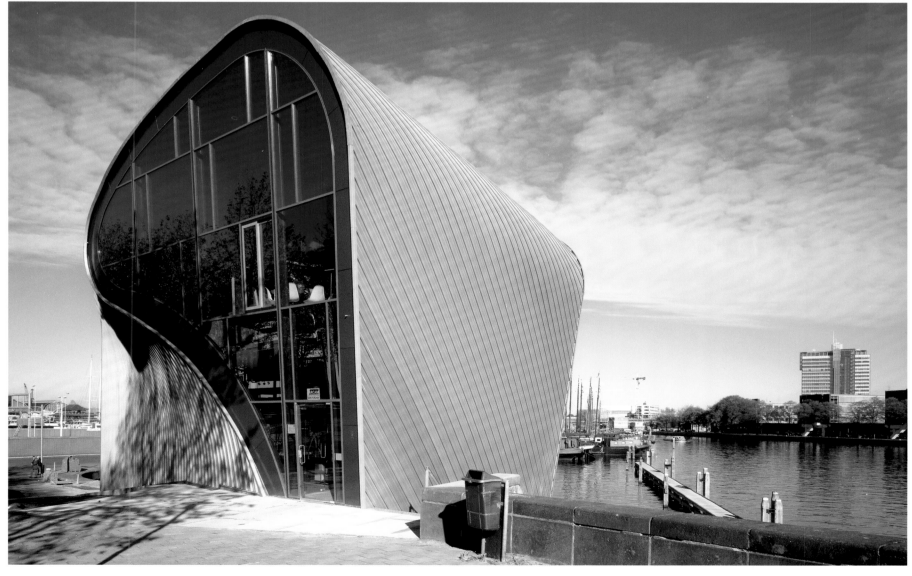

Tadao Ando Architect & Associates
5-23 Toyosaki 2-Chome Kita-ku
531-0072 Osaka, Osaka, Japan
www.tadaoando.net
Photos: © Langen Foundation / Tomas Riehle / artur 2004

Asymptote Architecture
561, Broadway, #5A
New York, NY 10012, USA
info@asymptote.net
www.asymptote.net
HydraPier Harlemmermeer - Photos: © Christian Richters, Münster

Behnisch, Behnisch + Partner
Rotenbühlstrasse 163A
70197 Stuttgart, Germany
buero@behnisch.com
www.behnisch.com
Photos: © Behnisch, Behnisch + Partner / Christian Kandzia

Mario Botta Architetto
Via Ciani 16
6904 Lugano, Switzerland
mba@botta.ch
www.botta.ch
Mart – Photos: © Marion Botta Architetto / Pino Musi 41, 43, 46,
47 / Enrico Cano 44, 45

David Chipperfield Architects
Cobham Mews, Agar Grove
Camden, London NW1 9SB, United Kingdom
info@davidchipperfield.co.uk
www.davidchipperfield.com
Photos: © Christian Richters, Münster

COOP HIMMELB(L)AU
Spengergasse 37
1050 Wien, Austria
office@coop-himmelblau.at
www.coop-himmelblau.at
Forum Arteplage Biel - Photos: © Rudolf Rast 63, 64, 65,
© VIEWPictures / Paul Raftery 61, 62

O'Donnell + Tuomey Architects
20A Camden Row
Dublin 8, Ireland
info@odonnell-tuomey.ie
www.odonnell-tuomey.ie
Photos: © VIEWPictures / Dennis Gilbert

Foster and Partners
Riverside Three, 22 Hester Road
London SW11 4AN, United Kingdom
enquiries@fosterandpartners.com
www.fosterandpartners.com
The British Museum - Photos: © Nigel Young / Foster and Partners
Musée Préhistoire Quinson - Photos: © Nigel Young / Foster and
Partners 87 top © ARCAID / Richard Bryant 85, 87 bottom, 88, 89

Friedrich Hoff Zwink Architekten
Ainmillerstrasse 22
80801 München, Germany
office@fhz-architekten.de
www.fhz-architekten.de
Photos: © Simone Rosenberg, Düsseldorf / München

Gigon / Guyer
Carmenstrasse 28
8032 Zürich, Switzerland
info@gigon-guyer.ch
www.gigon-guyer.ch
Photos: © Serge Demailly, La Cadière d'Azur

Hascher Jehle Architekten
Otto-Suhr-Allee 59
10585 Berlin, Germany
info@hascherjehle.de
www.hascherjehle.de
Photos: © Svenja Bockhop, Berlin

Herzog & de Meuron
Rheinschanze 6
4056 Basel, Switzerland
info@herzogdemeuron.ch
Photos: © Christian Richters, Münster

Hilmer & Sattler und Albrecht Gesellschaft von Architekten
Sophienstrasse 33A
10178 Berlin, Germany
info@h-s-a.de
www.h-s-a.de
Photos: © Stefan Müller / Hilmer & Sattler und Albrecht

Atelier Hollein
Argentinierstrasse 36
1040 Wien, Austria
office@hollein.com
www.hollein.com
Photos: © Christian Richters, Münster

Rem Koolhaas / OMA Office for Metropolitan Architecture
Heer Bokelweg 149
3032 AD Rotterdam, Netherlands
office@oma.nl
www.oma.nl
The Guggenheim Las Vegas - Photos: © VIEWPictures / Chris
Gascoigne
Leeum Samsung Museum of Art - Photos: © Christian Richters,
Münster

Legorreta + Legorreta
Palacio de Versalles No 285 A
Col. Lomas de Reforma
México D.F. 11020, Mexico
relpublicas@lmasl.com.mx
Photos: © Lourdes Legorreta / Legorreta + Legorreta

Mansilla+Tuñón arquitectos
Rios Rosas 11, 6º
28003 Madrid, Spain
circo@mansilla-tunon.com
www.mansilla-tunon.com
Photos: © Mansilla+Tuñón / Luis Asin

Ateliers Jean Nouvel
10, cité d'Angoulême
75011 Paris, France
info@jeannouvel.fr
www.jeannouvel.com
Museo Nacional Reina Sofia -
Photos: © ARCAID / Inigo Bujedo Aguirre
Museum of Modern Art at Leeum -
Photos: © Christian Richters, Münster

Ortner & Ortner Baukunst
Modenapark 6 / 11
1030 Wien, Austria
baukunst@ortner.at
www.ortner-ortner.com
Photos: © Rupert Steiner, Wien

Cesar Pelli & Associates Architects
1056 Chapel Street
New Haven, CT 06510, USA
info@cesar-pelli.com
www.cesar-pelli.com
Photos: © Jeff Goldberg / Esto

Renzo Piano Building Workshop
Via P. P. Rubens, 29
16158 Genova, Italy
italy@rpbw.com
www.rpbw.com
Photos: © Christian Richters, Münster

smo architektur
Seyed Mohammad Oreyzi
Cäcilienstr. 48
50667 Köln
smo.architektur@t-online.de
www.smoarchitektur.com
Photos: © van den Valentyn Architektur / Rainer Mader

Álvaro Siza
Rua de Aleixo 53 - 2
4150 Porto / Douro Litoral, Portugal
1558-c 10th Street
Santa Monica / California 90401, USA
siza@mail.telepac.pt
mail@alvarociza.com
www.alvarosiza.com
Museu Serralves Porto - Photos: © Christian Richters, Münster
The Serpentine Gallery Pavillon - Photos: © The Serpentine Gallery /
ARCAID / Richard Bryant

Eduardo Souto de Moura
Rua de Aleixo 53 - 1 o, Esq o
4150 Porto / Douro Litoral, Portugal
Souto.moura@mail.telepac.pt
Photos: © The Serpentine Gallery / ARCAID / Richard Bryant

Taniguchi and Associates
Edomizaka Mori Building
4-1-40 Toronamon, Minato-ku
Tokyo 105-0001, Japan
info@taniguchiassociates.co.jp
Photos: © VIEWPictures / Peter Cook

Van den Valentyn Architektur
Thomas van den Valentyn, Projektpartner: Gloria Amling
Aachener Strasse 23
50674 Köln, Germany
info@vandenvalentyn.com
www.vandenvalentyn.com
Photos: © van den Valentyn Architektur / Rainer Mader

Architekturbüro Weber + Hofer
Zimmerlistrasse 6, Postfach 1076
8040 Zürich, Switzerland
weber-hofer@swissonline.ch
info@weber-hofer.ch
Photos: © Manfred Tollerian

Weiss + Manfredi
130 West 29th Street 12 floor
New York NY 10001, USA
info@weissmanfredi.com
Photos: © Paul Warchol

René van Zuuk Architekten
De Fantasie 9
1324 HZ Almere, Netherlands
info@renevanzuuk.nl
www.renevanzuuk.nl
Photos (pages 230 ff. and cover): © Luuk Kramer

© 2006 daab gmbh
cologne london new york

published and distributed worldwide by
daab gmbh
friesenstr. 50
d - 50670 köln

p + 49 - 221 - 94 10 740
f + 49 - 221 - 94 10 741

mail@daab-online.com
www.daab-online.com

publisher ralf daab
rdaab@daab-online.com

creative director feyyaz
mail@feyyaz.com
DAS F - PRINZIP © 2006 feyyaz

editorial project by ditter.projektagentur gmbh
www.ditter.net

packaging ditter.projektagentur gmbh
editorial & photoresearch & text barbara linz
layout ilona buchholz for kum
lithography klaussner medien service gmbh
english translation jennifer taylor-gaida
spanish translation ana mª gutiérrez
french translation aurélie daniel
italian translation dania d'eramo, emanuela canclini

printed in czech republic
graspo cz, a.s., zlín

isbn 3 - 9 3 7 7 1 8 - 7 9 - 6